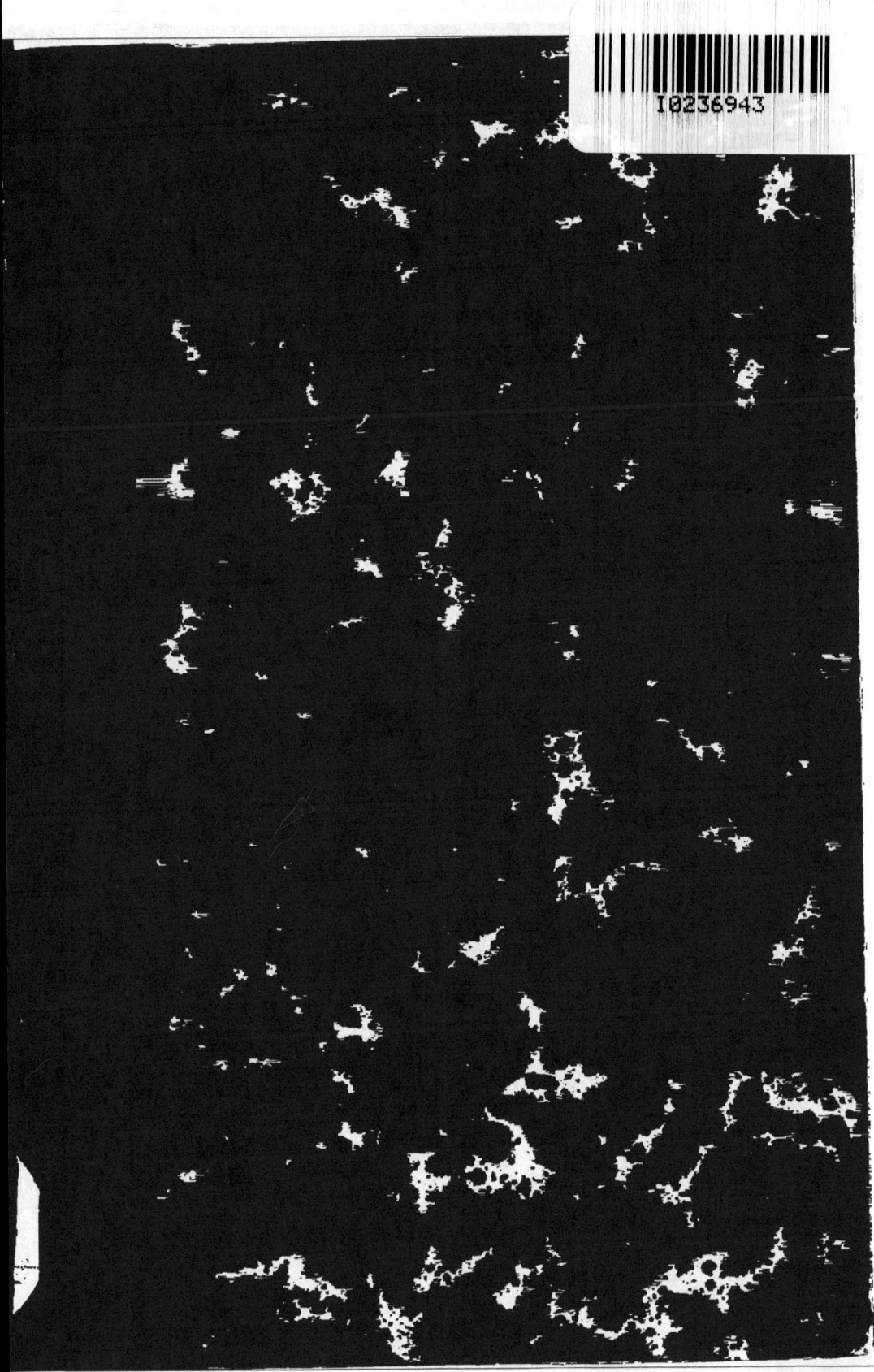

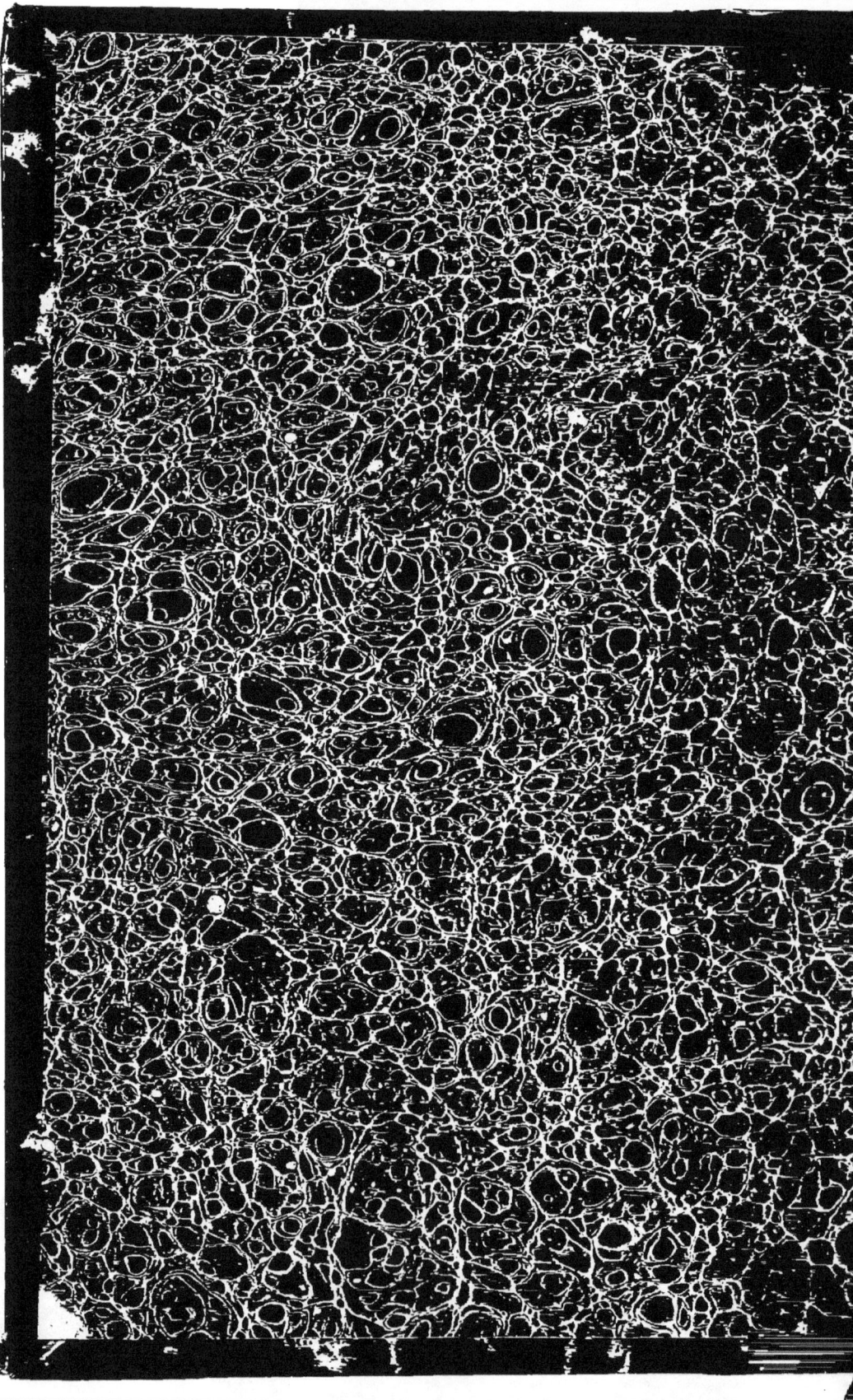

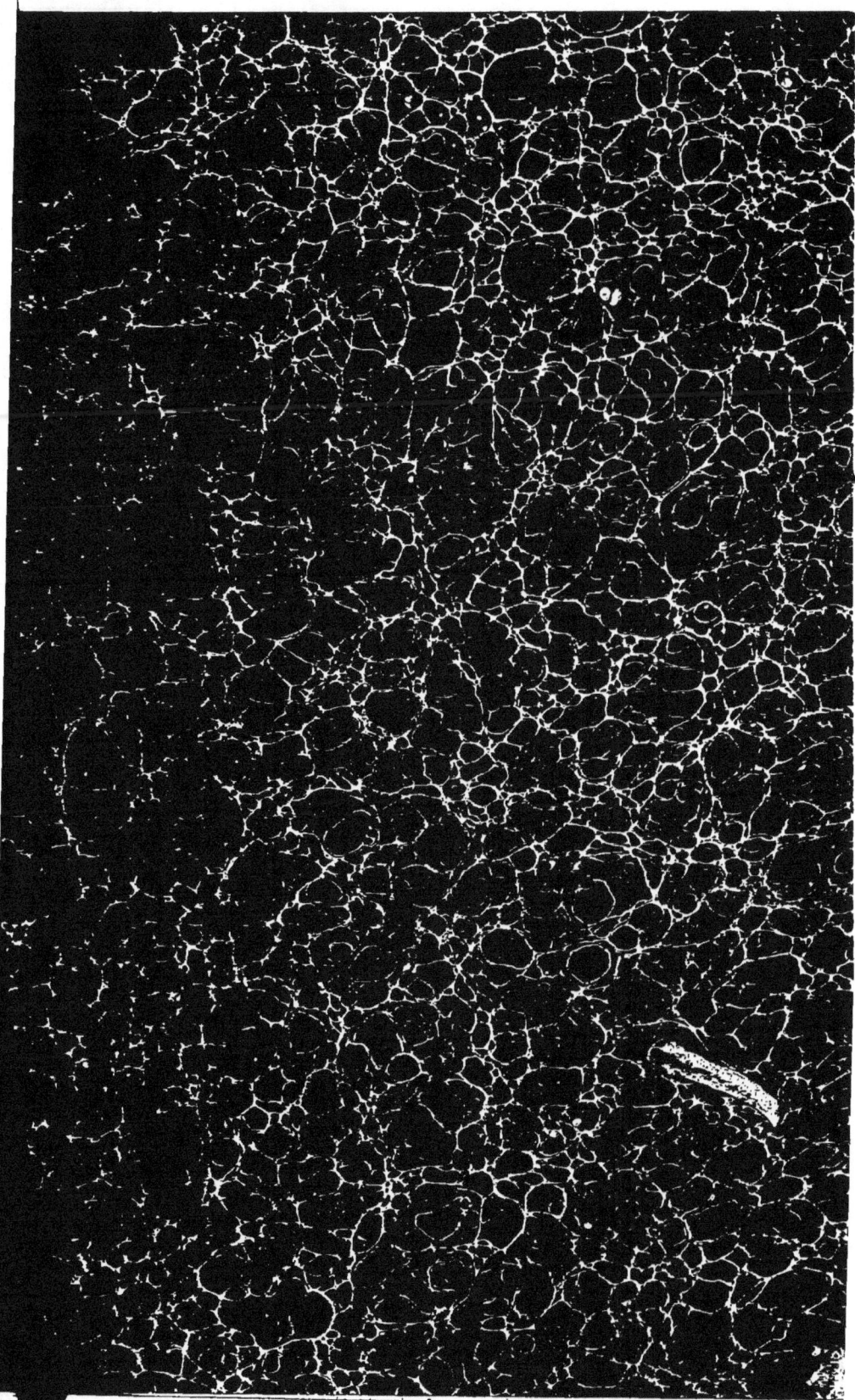

ITINÉRAIRE

DE

L'EMPEREUR NAPOLÉON

PENDANT LA CAMPAGNE DE 1812.

PARIS. IMPRIMÉ PAR BÉTHUNE ET PLON.

ITINÉRAIRE

DE

L'EMPEREUR NAPOLÉON

PENDANT

LA CAMPAGNE DE 1812;

PAR

LE BARON DENNIÉE,
ANCIEN INSPECTEUR AUX REVUES DE LA GRANDE ARMÉE ET INTENDANT EN CHEF
DE L'EXPÉDITION D'AFRIQUE.

PARIS.
PAULIN, LIBRAIRE-ÉDITEUR,
RUE DE SEINE, 33.

1842

A M. LE MARÉCHAL COMTE GÉRARD.

C'est à vous, mon meilleur et plus ancien ami, que j'offre les souvenirs de la mémorable époque à laquelle votre nom est si glorieusement attaché.

Vous retrouverez dans cet écrit les pages que nous avons si souvent commentées, en un mot, la copie fidèle de la narration que j'adressai à mon père dans le courant de janvier 1813, pendant notre séjour à Kœnigsberg.

Je ne me suis abstenu jusqu'à ce

jour, vous le savez, de publier ce document que pour ne pas donner un aliment à la critique passionnée de ceux qui se sont plu à dénigrer ou à renier le passé; mais aujourd'hui, après trente ans, les faits que je rapporte sont du domaine de l'histoire.

MODE D'EXPÉDITION

DES ORDRES DE L'EMPEREUR A L'ARMÉE.

(Campagne de 1812.)

Vers la fin de décembre 1811, je remplissais en Espagne les fonctions d'ordonnateur en chef du 1er corps d'armée, commandé par M. le maréchal duc de Bellune, quand je reçus l'ordre de me rendre auprès du prince de Neuchâtel, major-général de la grande-armée, que j'avais déjà suivi dans les campagnes d'Austerlitz, d'Iéna, d'Eylau et de Friedland.

En entrant en campagne, le prince me chargea des détails relatifs au personnel de l'état-major général de la grande-armée et de la correspondance du major-général avec l'intendant-général, et m'ordonna de l'accompagner constamment : ce que j'ai fait pendant les campagnes de 1812 et 1813.

C'est à la faveur de cette position que je me suis trouvé à même de recueillir jour par jour, avec un soin scrupuleux, des notes qui n'avaient alors d'autre objet que d'associer mon père aux événements dont j'étais témoin.

Le prince de Neuchâtel était en campagne inséparable de l'Empereur ; son habitation personnelle était toujours sous le même toit, quelque vaste ou quelque exigu que pût être le château ou la chaumière. L'Empereur faisait des apparitions assez fréquentes dans le cabinet du prince, et n'en sortait jamais sans donner un signe de bienveillance à l'un de nous; le silence le plus absolu y était observé, et l'entrée en était même interdite aux aides-de-camp du prince : la moindre infraction à cet ordre aurait excité d'une manière d'autant plus vive son mécontentement, qu'il ne pardonnait ni la curiosité, ni l'indiscrétion.

Le prince n'admettait près de lui qu'un très-petit nombre de personnes; elles devaient suffire et suffisaient à la transmission des ordres de l'Empereur (1), ordres dont le protocole n'a jamais varié :

(1) Voir la composition du cabinet du prince major-général à la fin du volume.

Mon cousin, ordonnez à M. le maréchal.....

Mon cousin, ordonnez à l'intendant-général....

Et, selon que l'ordre concernait une ou plusieurs branches de service, soit mouvement de troupes, soit dispositions administratives, le prince, après en avoir pris connaissance, le remettait à l'un de nous; celui-ci expédiait et soulignait la partie de l'ordre qui se rattachait à la spécialité dont il était chargé; puis ensuite le remettait à son voisin, qui en complétait la transmission en ne faisant subir aux ordres de l'Empereur que cette unique inversion :

Monsieur le maréchal...... (1), *l'Empereur ordonne....*

(1) Le nom du maréchal.

Monsieur l'intendant-général, l'Empereur ordonne....

Les ordres ainsi expédiés étaient remis au prince, qui ne les signait jamais sans les avoir collationnés.

Néanmoins, il arrivait parfois, pendant les marches, que l'Empereur donnait des ordres verbaux au major-général; dans ces circonstances, le prince les dictait soit à un de ses aides-de-camp, soit le plus souvent à moi-même; mais, arrivé au quartier-général, ces ordres verbaux étaient toujours confirmés par des ordres écrits plus explicites que les premiers.

Ainsi l'Empereur seul imprimait le mouvement, seul il donnait la direction à tous les services; car telle était l'application de ce vaste génie, que l'histoire de ses campagnes est tout entière dans sa correspondance avec le major-général (1).

(1) Cette correspondance est précieusement conservée et mise en ordre au dépôt de la guerre, par les soins si bien entendus de M. le général Pelet, directeur-général.

ITINÉRAIRE

DE

L'EMPEREUR NAPOLÉON

PENDANT LA CAMPAGNE DE 1812.

Je ne veux point rechercher les causes qui ont suscité la guerre contre la Russie : c'est un fait accompli. La désastreuse année (1812) qui vient de s'écouler a été signalée par des événements dont la mémoire des hommes gardera à jamais le souvenir.

Vers la fin de février, les ordres de mouvement ont été donnés. Le 1er corps a quitté Hambourg pour se porter sur

Kœnigsberg ; l'armée d'Italie a franchi le Tyrol et s'est dirigée sur Varsovie ; les 2° et 3° corps ont passé le Rhin et traversé la Prusse pour marcher sur la Vistule ; les troupes de la confédération obéissent à la même voix : l'Autriche, la Prusse, la Bavière, la Saxe, ont fourni leurs contingents (1).

Cependant les projets de l'Empereur restaient enveloppés d'un voile impénétrable ; on attendait avec confiance ; le meilleur esprit animait une armée qui occupait le territoire le plus fertile, et où chaque pas rappelait une victoire : les souvenirs d'Austerlitz, d'Iéna, de Friedland, de Wagram, excitaient au même degré l'ardeur de l'officier et du soldat : jamais chef ne fut plus infaillible aux yeux de sa troupe.

Dans les premiers jours de mai, le

---

(1) Voir l'organisation et la composition de la grande-armée à la fin du volume.

grand quartier-général était arrivé à Posen, où il avait devancé l'Empereur; toutefois, le passage fréquent des courriers donnait lieu à toute espèce de conjectures; elles étaient telles, que nous nous persuadions parfois (quelque folle que fût cette pensée) que cette gigantesque armée était destinée à attaquer les établissements des Anglais dans l'Inde.

Le 9, l'Empereur quitte Paris, accompagné de l'Impératrice, pour se rendre à Dresde, où il arrive le 17, après s'être arrêté à Mayence, à Aschaffenbourg, chez le prince primat, et à Wurtzbourg, chez le grand-duc oncle de l'Impératrice.

L'empereur d'Autriche, le roi de Prusse et la plupart des princes souverains de l'Allemagne avaient devancé l'Empereur à la cour de Saxe où la réception la plus brillante l'attendait. Les fêtes se succédèrent jusqu'au 29, jour de son départ pour Glogau et Posen, où la noblesse polonaise s'était rendue pour saluer son libérateur.

Après quelques jours donnés aux affaires du grand-duché, l'Empereur arrive à Thorn le 2 juin, et s'en éloigne inopinément le 6 pour visiter Dantzig et rejoindre le quartier-général à Kœnigsberg. Pendant son séjour dans cette capitale de la vieille Prusse, le départ successif d'un grand nombre de courriers accrédita de nouveaux bruits d'accommodement qui ne furent que de courte durée, car les dépêches du comte de Lauriston ne tardèrent pas à confirmer les dernières paroles qu'Alexandre avait adressées à M. le comte de Narbonne (1), dans son audience de congé à Wilna; paroles rapportées à l'Empereur par cet officier général au retour de sa mission : — « Dites bien à l'Empereur que je ne » serai point l'agresseur..... il peut pas-

---

(1) Ces dépêches parvinrent le 19 à Gumbinnen.

» ser le Niémen; mais jamais je ne si-
» gnerai une paix dictée sur le terri-
» toire de la Russie (1). »

Les moments devenaient précieux : l'Empereur abandonne l'extrême gauche (42,000 hommes) que commande le duc de Tarente (2), pour se porter sur le Niémen, où il a réuni la garde jeune et vieille, les 1er, 2e et 3e corps, et la cavalerie du roi de Naples, formant environ 250,000 hommes et 75,000 chevaux, dont 40,000 de cavalerie et 35,000 des parcs d'artillerie, du génie et des vivres (3), tandis que la droite est couverte

---

(1) Je tiens ces paroles du comte de Narbonne lui-même.

(2) Les Prussiens et une division française commandée par le général Grandjean.

(3) C'est une chose digne de remarque que l'identité de ce chiffre avec celui de Boutourlin. Il est, du reste, généralement fort bien renseigné, tandis que le baron Fain n'est pas exact au sujet de l'effectif. Cet effectif, d'après les situations officielles placées à la suite de l'itinéraire, présenterait 270,000 hommes ; mais il faut observer que ces situations ont été établies au 1er juin,

— 14 —

par les Autrichiens et les Saxons, 50 à 55,000 hommes.

Le 23, les tentes de l'Empereur sont déployées pour la première fois, non loin des bords du Niémen; dans la soirée, il reconnaît *incognito*, accompagné du général Haxo, le cours du fleuve, et détermine lui-même le point du passage, à une petite distance de Kowno (1).

A dix heures, les équipages de pont arrivent, et en moins de deux heures le général Éblé, qui les commande, fait

avant le passage du Niémen, qui s'effectua le 24 seulement; or, il y avait un grand nombre de non-valeurs restées dans les dépôts provisoires en Prusse.

(1) On a long-temps espéré que la Suède opérerait une heureuse diversion par la Finlande; diversion qui, sans aucun doute, aurait concouru à assurer le succès de la campagne; mais pour obtenir cette coopération, il aurait fallu apporter dans cette négociation une circonspection et des ménagements qui n'ont point été observés, et qu'imposait à la France la position du prince royal de Suède, devenu Suédois par le fait de son élévation au trône de Suède, mais incontestablement Français par le cœur; ce fut une faute.

jeter trois ponts à 100 toises les uns des autres. A minuit, deux divisions du premier corps passent le Niémen sans obstacle et rejoignent les voltigeurs de la division Morand, que l'on avait fait passer sur des barques pour protéger l'établissement des ponts.

Le 24, un ciel pur éclaire les vastes campagnes que baigne le Niémen et que domine le plateau sur lequel l'Empereur a bivouaqué. Il était six heures : déjà il avait paru sur la rive opposée; déjà il avait parcouru toutes nos lignes et voyait défiler devant lui ses innombrables bataillons; les cris de *vive l'Empereur* retentissaient dans les airs et jusque dans les rangs les plus éloignés.

Les états-majors se faisaient remarquer par leur brillante tenue (1).

(1) Les officiers-généraux et les officiers d'état-major avaient reçu ordre de doubler leurs équipages, de se pourvoir d'une tente et de quinze jours de vivres.

Les équipages de l'Empereur se composaient de 70 caissons attelés de 8 chevaux, de 20 voitures ou calèches,

Les cavaliers polonais, armés de longues lances, à l'extrémité desquelles flottaient de petites flammes de diverses couleurs, se distinguaient autant par la vigueur et la souplesse de leurs chevaux, que par l'élégance nationale de leur uniforme.

Les cuirassiers s'avançaient lentement, semblables à une muraille d'acier frappée des rayons du soleil.

Les bataillons de la ligne marchaient musique en tête, suivis de leur belle artillerie, et traçaient, dans la plaine, des lignes sombres et non interrompues.

Enfin, la garde impériale, vieille et jeune, belle comme aux Tuileries, fermait cette marche imposante (1).

---

de 40 mulets de bât, du service léger, et de 200 chevaux de main.

(1) La charge de chaque soldat d'infanterie de la garde représentait 70 livres, y compris l'armement, l'habillement, les vivres, etc.

C'était un beau spectacle que l'aspect de ces vaillants soldats pleins de confiance et d'espérance. C'est là que leur enthousiasme a été au comble; mais c'est là aussi que six mois plus tard, courbés sous la misère, les débris de cette fière armée devaient repasser le Niémen.

Sur ces entrefaites, quelques bourgeois de Kowno, qui revenaient de Wilna, avaient été arrêtés par nos avant-postes et conduits devant l'Empereur. Il les reçut dans sa tente et obtint d'eux des renseignements assez précis sur la position des Russes. Il apprit que l'empereur Alexandre assistait dans la nuit à un bal où, par une singulière coïncidence, le plancher de la salle principale s'écroula vers minuit, heure à laquelle les ponts avaient précisément été jetés. On comprendra sans peine qu'on ne manqua pas de tirer toute sorte de conjectures de cet événement, et surtout de l'interpréter comme un pronostic heureux !

L'Empereur, après avoir donné ses derniers ordres, passa le Niémen, et se dirigea d'abord sur le couvent de Sainte-Croix, puis sur Kowno, où il arriva à quatre heures du soir; tandis que le roi de Naples, à la tête de l'avant-garde, soutenu par le 1er corps, poussait de fortes reconnaissances dans la direction de Wilna; et que les 2e et 3e corps passaient la Willia à Kowno, dans le dessein d'atteindre et de couper Witgenstein; enfin, et simultanément, toute l'armée franchissait le Niémen :

Le vice-roi à Olita;

Le roi de Westphalie à Grodno;

Le duc de Tarente à Tylsitt (1).

L'Empereur ne quitta Kowno que le 27 à cinq heures du matin, pour aller

---

(1) Voir la composition et l'effectif des corps d'armée.

coucher à Obsianisky, d'où il se mit en route le 28 à une heure du matin pour éviter la chaleur. A deux heures, il était aux portes de Wilna, dont l'entrée avait été faiblement disputée; il y reçut les félicitations d'une députation qui lui annonça que l'empereur Alexandre ne s'était éloigné de cette ville que le 26, accompagné du général Ouvaroff et du général-conseiller Beningsen.

L'Empereur ayant demandé à MM. les députés si Wilna offrirait des ressources suffisantes aux besoins de ses troupes, ceux-ci lui répondirent de la manière la plus satisfaisante et dans les termes les plus positifs; alors, cherchant des yeux dans le groupe de son état-major : — « Durosnel (il commandait la gendarmerie d'élite), allez en
» ville et prenez-en le commande-
» ment. » Puis, s'adressant à moi : —
« Denniée, allez avec le général, voyez
» les états, ordonnez 180,000 rations,

» assurez-vous des ressources, et vous
» me rendrez compte. »

Le rapport que j'avais préparé était loin de confirmer les promesses ou plutôt les assurances que l'on avait données à l'Empereur; je jugeai qu'il était convenable de ne le remettre qu'après en avoir fait connaître le contenu au prince de Neuchâtel. Or, dans un sentiment de bienveillance toute particulière, le prince, au moment où l'Empereur allait entrer dans ses appartements, me répéta vivement et par deux fois : — « Donnez donc votre rapport à l'Em-
» pereur. » Je n'en résistai pas moins; et, quand nous fûmes seuls, le prince ayant appris à quel point l'Empereur serait déçu de ses espérances, me dit, après quelques instants de réflexion : — « C'est bien…. c'est bien…. vous avez bien fait….. » Puis il ajouta : « Lais-
» sez-moi ce rapport, je le remettrai
» moi-même à l'Empereur; voyez sur-

» le-champ M. Daru, et dites-lui ce qui
» se passe. »

On ne put faire aucune distribution régulière dans Wilna ; les Russes, en partant, avaient tout ravagé ; les moulins étaient détruits, les manutentions démolies, les magasins dévastés, à ce point que l'on n'eut d'autre ressource que de faire donner aux troupes qui se portaient en avant quelque peu de farine; et, d'autre expédient, pour procurer du pain à la garde et aux officiers, que d'en faire fabriquer par les Juifs qui habitaient le faubourg et qui avaient tous de petits fours dans leurs mansardes.

La marche de Kowno à Wilna, à travers les forêts, dans un sable mouvant, par une chaleur accablante et par une pluie abondante et continue, avait occasionné des pertes considérables en hommes et en chevaux. En effet, 5,000 chevaux avaient péri dans un trajet de moins de 25 lieues; il est vrai que cette énorme perte devait être particulièrement attribuée à la nécessité où l'on s'était trouvé de nourrir les chevaux avec le seigle vert que les cavaliers allaient couper au loin dans la campagne; mais ces tristes résultats n'en attestaient pas moins à quel point il était difficile, pour ne pas dire impossible, de faire subsister une armée nombreuse, et surtout dans un pays dépourvu de ressources, alors que les mouvements sont trop rapides. D'un autre côté, il faut le reconnaître, le système des équipages militaires était loin d'avoir été conçu dans une juste appréciation des besoins d'une expédition lointaine, dans laquelle la vivacité des marches devait être un des éléments de succès. Aussi les immenses voitures à la Marlborough, chargées d'énormes provisions et attelées de bœufs, se sont-elles traînées lentement derrière nos colonnes sans jamais pouvoir les rejoindre, tandis que les équipages légers, et particulièrement les voitures à la comtoise, sont toutes arrivées jusque dans Moscou (1).

(1) L'expérience de plusieurs campagnes, notamment de la première expédition d'Afrique, dont j'ai dirigé l'administration, m'a confirmé dans l'opinion que j'avais émise en 1813, et que j'ai reproduite en 1839, dans un mémoire publié à quelques exemplaires, sous l'autorisation du ministre de la guerre (M. le lieutenant-général Schneider) :

« Le service des transports est, de tous les services,
» le plus essentiel en campagne ; puissant pour le succès,
» secourable dans la retraite, on sait à quel point il at-
» tira la prévoyante sollicitude de l'Empereur après les
» journées de Pultusk et de Golimin. . . . .
» . . . .
» Pour parvenir à de telles fins, il est de toute nécessité
» de renoncer à nos lourds et pesants caissons, et d'a-
» dopter des constructions en rapport avec les progrès
» de l'industrie, sans perdre de vue, en dépit d'un vieux
» préjugé, que les voitures légères sont véritablement
» les plus solides. Ainsi aujourd'hui que nos produits ri-
» valisent avec l'Angleterre sous le rapport de la qualité
» et de la modicité des prix des fers et des ressorts, il
» est urgent d'appliquer aux constructions militaires le
» système de suspension adopté par le commerce lui-
» même ; système qui a pour avantage la conservation

L'accueil que les Français recevaient dans Wilna était aussi franc que cordial ; l'espérance avait passé dans tous les cœurs ; la Pologne rêvait son indépendance, et les principales familles s'étaient empressées de venir saluer le vainqueur. C'est dans ces circonstances que l'Empereur assista à un bal où le comte de Pac (1), patriote polonais, avait réuni toute la noblesse, et où chacune des dames était parée d'une cocarde, en rubans, aux couleurs nationales.

» des voitures et surtout des objets fragiles qu'elles » sont destinées à transporter : circonstance essentielle à » l'armée, où les caissons doivent servir au transport des » malades et des blessés....... »

Les observations émises dans ce mémoire obtinrent l'adhésion formelle de M. le maréchal duc de Dalmatie, président du conseil en 1839, celle de MM. les généraux Schneider et de Cubières, successivement ministres de la guerre, et ont motivé les modifications que vient de subir tout récemment le mode de construction des caissons des équipages militaires.

(1) Le comte de Pac a été, à cette époque, nommé général de brigade et aide-de-camp de l'Empereur.

L'Empereur, dont le séjour dans Wilna se prolongea jusqu'au 16 juillet, y prit des dispositions de la plus grande importance, qui, si elles eussent reçu leur complète exécution, auraient eu pour résultat probable la conclusion prochaine d'une paix glorieuse! Mais n'anticipons pas sur les événements.

Le 1er corps reçut l'ordre de laisser trois divisions (Friant, Gudin et Morand) au roi de Naples, et de se porter vivement sur Minsk, afin de prévenir la marche du prince Bagration, et de s'opposer à sa jonction avec Barclai de Tolly qui en ce moment commandait la grande armée russe.

La cavalerie du roi de Naples et les trois divisions du 1er corps prirent la direction de Swentzianouï, soutenues par le 3e corps; tandis que les 2e et 6e corps marchaient sur la Dwina dans la direction de Dunabourg. Toutefois le maréchal Oudinot ne tarda pas à recevoir l'ordre de se rallier au roi de Naples.

Pendant que ces mouvements s'exécutaient, l'Empereur forma une *commission provisoire du gouvernement de Lithuanie,* et divisa ce gouvernement en 4 arrondissements : *Grodno, Bialystok, Minsk* et *Wilna.* Il nomma les gouverneurs et les intendants de chacun de ces arrondissements, et appela le général Hogendorp, son aide-de-camp, aux fonctions de gouverneur-général en résidence à Wilna, et M. de Bignon à celles de commissaire impérial près la commission du gouvernement. Enfin, M. le duc de Bassano, ministre des affaires étrangères, reçut l'ordre de s'établir à Wilna pour surveiller l'exécution des dispositions arrêtées par l'Empereur, et correspondre directement avec lui ; en même temps un décret impérial prescrivit une levée de 60,000 hommes et de 5,000 chevaux, tant dans la Lithuanie que dans la Samogitie, et régla l'organisation, aux frais de la Pologne, de 4 régiments de cavalerie et de 20 régiments d'infanterie.

Mais déjà le patriotisme polonais était quelque peu refroidi par les pertes qu'éprouvaient chaque jour les habitants des campagnes; pertes d'autant plus déplorables qu'elles épuisaient un pays ami. (Il faut reconnaître cependant que l'absence de distributions régulières autorise en quelque sorte de certaines mesures arbitraires dont l'exécution plus arbitraire encore a pour résultat inévitable la confusion et le gaspillage, là où une discipline plus sévère et une administration mieux entendue sauraient maintenir l'abondance et garantir le respect des propriétés.) Les conséquences de cet état de choses ne tardèrent pas à se faire sentir; d'abord on ne parvint qu'avec peine à réunir à Wilna 20 cavaliers pour former une garde d'honneur à l'Empereur ; et, plus tard, la levée des régiments dont un décret avait ordonné la formation ne reproduisit qu'une bien faible ressource. Il est vrai qu'indépendamment de la difficulté de compléter un effectif de 60,000 hommes et de 5,000 chevaux, il y avait impossibilité patente, dans un pays dépourvu de manufactures, dans un pays épuisé par d'énormes impôts, de pourvoir à l'habillement, à l'armement et à l'équipement d'une troupe si nombreuse.

Ne serait-on pas en droit de s'étonner que, dans les prévisions d'une guerre pour le succès de laquelle les coffres de l'État ont été si largement ouverts, 60,000 habillements, équipements, etc., complets, n'eussent point été dirigés sur Kœnigsberg, de telle sorte que l'insurrection polonaise eût été armée et équipée comme par enchantement? ou plutôt, ne serait-on pas autorisé à supposer que l'Empereur ne se présentait sur les bords du Niémen avec sa formidable armée, que pour obtenir, sans coup férir, le rétablissement du royaume de Pologne et imposer ses volontés?

Avant de nous éloigner de Wilna, il est nécessaire de jeter les yeux sur notre ligne et sur celle de l'armée russe, dont on s'est constamment plu à diminuer l'effectif.

Les forces des Russes sont partagées en trois grandes armées dites de l'Ouest (1). D'après les renseignements qui nous sont parvenus, leur organisation a subi plusieurs modifications; toutefois de-

---

(1) Je laisse subsister les erreurs qui peuvent exister dan cette évaluation et dans la désignation des commandements, parce que je reproduis littéralement ce que j'ai écrit pendant la campagne, et que les chiffres que j'ai posés sont ceux sur la donnée desquels l'Empereur a opéré. Au surplus, l'ouvrage du colonel Boutourlin prouve que les renseignements que nous possédions alors n'étaient pas éloignés de la vérité.

3.

puis le passage du Niémen leurs forces sont réparties ainsi qu'il suit :

1re Armée sous le commandement de Barclay de Tolly, divisée en plusieurs corps d'armée, à la tête desquels se trouvent les généraux Wittgenstein, Bagavout, Schouvalof, le grand-duc Constantin, etc., dont la force totale est de . . . . 160,000 h.

Elle occupe la droite de la ligne des Russes.

2e Armée sous le commandement du prince Bagration, ayant sous ses ordres les généraux Raeffskoï, Borosdin, etc., représente une force de 60,000

Elle couvre Minsk.

3e Armée sous le commandement de Tormazoff, compte au moins 50,000

Elle se lie à Barclay de Tolly et à Bagration, couvrant la direction de Swentzianouï.

Indépendamment des armées de l'Ouest, il faut encore compter celle de Moldavie, commandée par Kutuzoff. Cette armée compte au moins 70,000.

De plus, les troupes qui occupent la Courlande; elles représentent, y compris les réserves et les milices de Moscou, une force de 120,000.

Ainsi les forces des Russes présentent un chiffre de 460,000 hommes, qui s'accroîtra nécessairement de nouvelles levées, et que nous aurons toutes à combattre, attendu que la paix avec la Porte permettra à la Russie de disposer de l'armée de Moldavie, armée nombreuse en cavalerie.

Les forces de l'armée française ne

sont pas moins imposantes. La ligne s'étend de Minsk à Tylsitt (1).

Les Autrichiens et les Saxons opèrent de concert sur Slonim et Brzesc.

Une partie du 1er corps avait marché sur Minsk, appuyée par le corps westphalien (2).

Le vice-roi avait traversé Wilna et avait réuni momentanément les Bavarois sous son commandement.

Le roi de Naples avait été dirigé sur Swentzianouï et Gloubokoë, et le corps prussien occupait Dunabourg et Tylsitt.

L'Empereur quitte Wilna, le 16 juillet, à onze heures du soir, et arrive à

---

(1) Voir la situation générale de l'armée, elle présente..... 9 maréchaux de l'empire.
108 généraux de division.
217 généraux de brigade.

(2) C'est dans cette circonstance que le roi de Westphalie, ne voulant pas recevoir d'ordres du prince d'Eckmuhl, a quitté l'armée : il a été remplacé dans le commandement des Westphaliens par le général Junot, duc d'Abrantès, qui commandait précédemment le 4e corps.

Gloubokoë le 18, à deux heures après midi, au moyen de relais disposés à l'avance. Dans la soirée il reçoit un officier du roi de Naples qui lui annonce que les Russes abandonnent toutes les positions et que les têtes de pont de la Dwina ne sont même point défendues.

Dans la course de Wilna à Gloubokoë, le colonel Flahaut, avec qui je voyageais, m'a rapporté la conversation fort curieuse qu'il eut avec l'Empereur, au retour d'une mission qu'il avait remplie auprès du prince Schwartzenberg à Lemberg, et du prince Poniatowski à Varsovie; la voici textuellement :

L'Empereur : « Qu'est-ce qu'on dit
» de la guerre? »

Le colonel Flahaut : « Sire, on dit
» que la première bataille décidera la
» question à laquelle se rattachent de si
» grands intérêts. »

L'Empereur : « Oui, c'est la première
» bataille.... ces gens-ci n'aiment pas

» les Russes, cependant les Russes ne
» leur ont pas fait de mal; il n'y a pas
» eu de cruautés d'état... Les Russes ont
» apporté leur barbarie; ce sont leurs
» moyens.... il y a de l'enthousiasme! »

Le colonel Flahaut : « Oui, sire,
» il y en a beaucoup; mais par-dessus
» tout, un orgueil national qui se ré-
» vèle dans la haine des Polonais contre
» les Russes et dans leur admiration
» pour l'Empereur. »

L'Empereur : « Cette guerre-ci doit
» être courte; il faut chasser les Russes;
» ils n'ont pas su posséder ce pays.....
» il n'y a en Pologne que quelques fa-
» milles, il fallait se les attacher; il fal-
» lait s'en assurer, le reste est une masse
» facile à gouverner... Je rétablirai la
» Pologne, je laisserai ce qu'il faudra
» pour maintenir ce que j'aurai fait...
» je lèverai 120,000 hommes et je ferai
» la guerre avec le sang polonais... il
» faut ménager le sang français, il est

» précieux... Cette guerre-ci ne ressem-
» ble pas à celle d'Espagne; quand je
» voudrai, celle-là finira .. En Espagne,
» il faut une justice lente, mais sévère,
» tous les jours la même...

» Ici c'est autre chose... Les Russes
» ont fait ce qu'ils pouvaient; mais il
» leur manquait l'expérience de notre
» siècle... »

Le colonel Flahaut plaça ici quelques mots, puis l'Empereur s'animant par dégrés, exposa d'une manière saisissante les principes de la politique de l'impératrice Catherine, et les développa avec une sagacité et une précision si merveilleuses, que le colonel Flahaut était encore sous le charme de sa première impression.

L'Empereur, avant de s'éloigner de Gloubokoë, ordonna au duc de Reggio d'observer la Dwina et de se porter sur Polostk, tandis que lui-même se mettait en route, le 22, à 9 heures du soir, avec sa garde, pour rejoindre le roi de Naples dans la direction de Bechenkowisky, en passant par Ouchatsch et Kamen. Il apprit en arrivant (le 24, à 6 heures du soir) que l'avant-garde avait rencontré l'ennemi à Ostrowno; que les Russes avaient été débusqués de leurs positions, et avaient perdu 15 à 1800 hommes et 18 pièces de canon. Enfin peu d'instants après, un officier du roi de Naples vint annoncer que les Russes s'arrêtaient de nouveau et qu'ils couvraient avec une infanterie nombreuse l'embranchement des routes de Minsk et de Witebsk. Aussitôt l'Empereur se portant en avant fut bivouaquer sur les hauteurs d'Ostrowno.

Le lendemain, 27, il monte à cheval à cinq heures du matin, et au moment de rejoindre le roi de Naples, il apprend que les Russes ont encore lâché pied. Toutefois, vers les neuf heures, le 16e régiment de chasseurs, faisant tête de colonne, est arrêté par un ravin profond, au delà duquel on découvre de nombreux escadrons russes, échelonnés dans une plaine qui se prolonge resserrée entre la Dwina et des collines couvertes de bois.

Les voltigeurs du 9ᵉ d'infanterie de ligne protègent le passage du pont qui vient d'être réparé à la hâte; mais bientôt le 16ᵉ de chasseurs, s'étant aventuré avec un peu trop de précipitation, a engagé successivement tous ses escadrons et est ramené dans la plus grande confusion en deçà du ravin; pendant ce mouvement, les voltigeurs du 9ᵉ, qui se sont vaillamment retranchés sur les bords escarpés de la Dwina, ajustent avec un admirable sang-froid les cavaliers russes, qui tentent vainement de les atteindre.

L'Empereur, pendant cet engagement, s'était avancé à pied, accompagné du vice-roi et d'un petit nombre d'officiers, sur le plateau d'un monticule d'où il dominait la position et où il était resté impassible spectateur de ce désordre, se servant de sa petite lunette tout aussi tranquillement que s'il se fût agi d'une manœuvre. Cependant les Russes arrivèrent à moins de cent pas du petit groupe qui se tenait derrière lui; aussitôt chacun de courir à ses chevaux, et l'escadron de service de s'interposer vivement entre les Russes et l'Empereur. C'est alors seulement que, s'adressant au prince Eugène, il lui dit : — « Allons, voyons : Eugène, com- » mandez. » Il semblait veiller sur le salut de l'armée, et que ce combat ne fût pas digne de sa gloire.

Immédiatement le prince Eugène ordonne quelques dispositions qui découvrent à l'ennemi les lignes profondes de notre infanterie, et le forcent à se replier en passant de nouveau sous le feu des voltigeurs du 9ᵉ.

L'Empereur, satisfait de la valeureuse conduite de ces braves soldats, envoya son officier d'ordonnance Gourgaud leur annoncer qu'il accordait à chacun la décoration de la Légion-d'Honneur. — « Dites-lui, s'écrièrent-ils, que ce sont » les enfants de Paris. »

La journée s'avançait, la chaleur était accablante, et l'Empereur avait continué la route en voiture, quand on vint, pour la troisième fois, lui annoncer que l'ennemi tenait en force de l'autre côté d'un second ravin.

Il monte à cheval, reconnaît la position, et, par un ordre du jour, annonce à l'armée une bataille pour le lendemain. Les paroles de l'Empereur sont sacrées; on attend le lendemain avec une confiance et une impatience égales; mais une nouvelle déception lui était réservée : l'ennemi avait effectué sa retraite, pendant la nuit, sur Souraj et Vellij !

Le 28, à la pointe du jour, l'armée pénétra dans Witebsk sans opposition. Vers les cinq heures du matin, le général Durosnel, que j'accompagnai par ordre de l'Empereur, se rendit en ville pour en prendre le commandement, tandis que de mon côté je devais reconnaître les ressources que l'armée pouvait espérer d'y trouver; mais là, comme ailleurs, les magasins avaient été incendiés.

Déjà le roi de Naples et le vice-roi avaient dépassé Witebsk pour se porter sur les traces de l'ennemi, et l'Empereur lui-même, impatient de nouvelles, après s'être arrêté quelques heures en ville, ne tarda pas à rejoindre l'avant-garde, qu'il suivit jusqu'à Aghaponowechtchina, point d'incidence des routes de St-Pétersbourg et de Smolensk, où le roi de Naples et l'Empereur couchèrent sous la même tente. Les renseignements qui parvinrent pendant la nuit ne permirent pas de douter que la retraite des Russes ne se fût effectuée sur Smolensk, où ils devaient inévitablement se réunir à Bagration.

Dans cet état de choses, et surtout dans la nécessité d'accorder quelque repos aux troupes, les ordres de mouvement sont expédiés : le vice-roi occupera Souraj; le roi de Naples, soutenu par le maréchal Ney, occupera Nicolino et Jukowo; les trois divisions du 1er corps, Babinowiski; le prince d'Eckmuhl, auquel Bagration a échappé, Orcha et Dombrowna; le duc de Reggio, avec les 2e et 6e corps, se maintiendra dans Polotsk, et la garde cantonnera autour de Witebsk.

D'un autre côté, les Autrichiens et les Saxons couvrent Varsovie, et une de leurs divisions occupe Minsk, dont le général Bronikowski est nommé gouverneur.

Le maréchal duc de Tarente occupe Dunabourg et Tylsitt. Enfin le duc de

Bellune organise le 9ᵉ corps à Kœnigsberg.

Les dispositions ainsi réglées, l'Empereur revient à Witebsk, où il apprend que le duc de Reggio a obtenu un avantage considérable sur Wittgenstein, lui a tué 4 à 5,000 hommes et pris 17 pièces de canon. Ce succès ayant donné les moyens de faire quelques vivres, l'Empereur règle immédiatement l'organisation administrative de la province, nomme un gouverneur (le général Charpentier) et un intendant; puis il ordonne l'établissement de nombreux hôpitaux et la construction de vastes manutentions destinées à pourvoir aux besoins de l'armée; mais les difficultés inhérentes à notre position, et d'autres causes sur lesquelles je ne veux pas m'arrêter, ont trop souvent concouru à rendre sans effet les prévisions les plus sagement conçues.

Le séjour prolongé de l'Empereur dans Witebsk donnait lieu à toutes sortes de conjectures : les uns se persuadaient que, maître de la portion de terre qui se trouve entre la Dwina et le Dniéper, il allait organiser le royaume de Pologne; les autres comprenaient que les positions militaires n'offraient pas assez de sûreté pour que l'Empereur songeât à borner le cours de ses conquêtes. Enfin des bruits d'accommodement, des bruits de paix circulaient dans les camps; mais tandis que l'armée se berçait de ces vaines espérances, l'empereur Alexandre avait quitté l'armée avec son frère, le grand-duc Constantin, pour se rendre à Moscou, et la Russie méditait, comme l'expérience l'a démontré, le genre de défense qui devait triompher de nos armées; en un mot, l'incendie des villes et des villages était résolu.

De son côté, l'empereur Napoléon, impatient d'atteindre un ennemi qui sans cesse lui échappait, organise une armée expéditionnaire (expression employée par l'Empereur) à la tête de laquelle il va se placer.

Le 13, à une heure du matin, l'Empereur quitte Witebsk, laissant le 2ᵉ et le 6ᵉ corps à Polotsk, et va passer le Borysthène au camp de Razasna.

Le temps est admirable, l'armée marche pleine d'espérance. La route est plantée de quatre rangées de magnifiques bouleaux; la campagne est couverte de riches moissons : tout semble annoncer un pays en progrès, et pourtant on ne trouve que de misérables chaumières.

Le 14, l'affaire de Krasnoï donne quelques centaines de prisonniers et six pièces de canon.

Le 15, l'Empereur voit défiler l'armée; l'anniversaire de sa fête anime tous les cœurs; on oublie les souffrances du passé; on supporte avec résignation les privations du présent; on attend le jour d'une bataille : la paix doit en être le salaire !

Néanmoins, l'ennemi continue en bon ordre son mouvement rétrograde.

Le 16, on découvre Smolensk; chacun est dans la croyance que l'ennemi a abandonné cette place; l'Empereur lui-même partage cette conviction; il fait appeler le général Caulaincourt (il était trois heures du matin, et déjà il faisait grand jour). *Il lui donne l'ordre d'y établir son quartier-général*, et à moi de me rendre aux états.

Nous partons (1). Bientôt après avoir dépassé les divisions du 3e corps qui étaient en colonnes sur la route, nous parvenons à une demi-lieue de Smolensk, c'est-à-dire à la hauteur de la première ligne des tirailleurs, qui échangeaient quelques coups de carabine.

---

(1) Au moment où le général Caulaincourt (Auguste) et moi partions, le prince de Neuchâtel nous répéta : « Dépêchez-vous, le maréchal Ney est déjà en ville. »

Le maréchal Ney, impatient du retard qu'éprouve la marche de ses troupes, arrive au milieu des tirailleurs : c'est le dieu Mars; son aspect, son regard, son assurance entraîneraient le plus timide. Tout à coup 7 à 800 cosaques réguliers, masqués par un terrain cahoté et couvert de broussailles, se précipitent aux cris de *hourra!* ils débordent et ramènent nos cavaliers, enveloppent le maréchal et le général Caulaincourt, et les serrent de si près, que le duc d'Elchingen reçoit, presque à bout portant, une balle qui déchire le collet de son habit. Toutefois, le désordre ne fut pas de longue durée, car la brigade Domanget s'étant ralliée, dégagea le maréchal et poursuivit les cosaques jusque sous le canon de Smolensk. Enfin l'infanterie du général Razout, ayant appuyé ce mouvement, permit au maréchal de se rapprocher assez des remparts pour se convaincre que les Russes étaient dans l'intention de les défendre.

Néanmoins l'Empereur était si intimement convaincu que Smolensk était hors d'état de faire une défense sérieuse et que les Russes n'avaient point l'intention d'y tenir, qu'il n'ajouta foi aux rapports contraires que lorsque le général Caulaincourt vint lui-même les lui confirmer. (Cette circonstance s'explique par l'absence de renseignements certains sur les localités, par le manque absolu de moyens d'espionnage, et surtout par les fausses indications que l'Empereur recevait de ceux mêmes qui auraient dû connaître le pays.) Néanmoins l'ordre est d'entrer de vive force dans Smolensk. On dirait que tout doit s'abaisser devant l'Empereur, que sa fortune commande à tout.

Triste et pernicieuse confiance!

On verra dans le cours de cette campagne l'armée supporter avec courage toutes les privations, affronter avec intrépidité des périls de toute espèce, vaincre l'ennemi en toute circonstance, mais arroser de son sang les routes où la fatalité l'entraîne.

Le 16, l'Empereur campe en vue de Smolensk. Cette ville est située dans une position pittoresque, à mi-côte d'une colline, sur la rive gauche du Dniéper (Borysthène), qui la sépare du faubourg de Saint-Pétersbourg, diamétralement opposé au côté par lequel l'armée se présentait devant la ville.

Le 3ᵉ corps prend position, et quoique aucune action sérieuse n'eût été engagée, le canon de la ville avait cependant fait éprouver au 46ᵉ régiment des pertes considérables.

Le 17, au point du jour, l'Empereur parcourt toute la ligne.

La gauche, appuyée sur le Dniéper, est sous le commandement du maréchal Ney;

Le centre, sous celui du maréchal Davoust;

Et la droite, également appuyée sur le fleuve, est commandée par le prince Poniatowsky, qui débouche le matin à la tête du 5ᵉ corps (les Polonais). Cette troupe, que l'on voit réunie pour la première fois, est admirablement belle; son enthousiasme est au comble; elle va combattre sous les yeux de l'Empereur; mais elle combattra contre des murailles (1).

Au moment où Napoléon parcourait la droite, je me trouvais auprès des généraux Éblé et Guilleminot, qui s'étaient arrêtés pour examiner les positions, quand le général Éblé, de sa voix sentencieuse et grave, nous dit : — « Il veut tou- » jours prendre le bœuf par les cornes!

---

(1) L'armée polonaise était d'autant plus belle, que depuis le passage du Niémen, ayant suivi la direction de Minsk, elle avait constamment flanqué notre droite et n'avait encore éprouvé aucune privation

» Comment n'envoie-t-il pas les Polo-
» nais passer le Dniéper à deux lieues
» au-dessus de la ville (1)? »

Ces paroles sont revenues plus d'une fois à ma pensée.

Les remparts de la ville étaient armés d'un nombre considérable de canons; mais le feu le plus meurtrier et le plus soutenu venait des batteries que les Russes avaient établies sur les hauteurs de la rive opposée. Les positions de notre artillerie ayant été fixées par l'Empereur lui-même, l'attaque ne tarda

---

(1) Le général Éblé, ancien ami de Moreau, était l'homme du devoir. L'Empereur récompensa trop tard ses honorables et glorieux services : il était mort quand sa nomination de premier inspecteur-général de l'artillerie, en remplacement du général comte de Lariboissière, qui avait péri dans la retraite, parvint à Kœnigsberg. Le général Éblé, sous les ordres de qui j'avais servi en qualité de commissaire des guerres de l'artillerie, en 1802, lors de la première expédition du Hanovre, m'honorait d'une amitié et d'une confiance dont il n'était pas prodigue.

pas à devenir générale. Toutefois, l'ennemi, dont les forces allaient toujours croissant, opposait une résistance opiniâtre aux généreux efforts de nos soldats; les obus, la mitraille décimaient nos rangs, et les Russes, tantôt assaillants et tantôt repoussés, disputèrent le terrain pied à pied, jusqu'au moment où, vers le soir, ils furent violemment refoulés sous les murs de la ville; alors, nos feux dirigés avec habileté redoublèrent sur toute l'étendue de la ligne sans parvenir cependant à ébranler les murailles. Enfin la nuit, loin d'apporter quelque répit à ces scènes d'horreur, ne vint prêter son ombre que pour augmenter l'effroi de la journée, et rendre plus hideux le triste tableau d'une ville en flammes, qui bientôt ne devait plus offrir que des monceaux de cendre.

Ainsi le Russe, en se retirant, allumait partout l'incendie, et ne laissait après lui que des ruines; ainsi on vit s'évanouir l'espérance de posséder une ville que l'on supposait, avec raison, abondamment pourvue.

Le soir, les divisions Morand et Gudin s'arrêtèrent dans les faubourgs, et pénétrèrent seulement le lendemain matin dans la ville, tandis que les Russes, après avoir brûlé, en se retirant, le pont qui sépare la ville du faubourg de Saint-Pétersbourg, prirent des positions avantageuses dans la direction des routes de Moscou et de Saint-Pétersbourg.

La prise de Smolensk avait coûté 12,000 hommes : on avait besoin de repos après un tel succès.

Toute la matinée et une partie de l'après-midi furent consacrées à réparer le pont, et vers cinq heures seulement, les troupes restées en colonne dans la ville commencèrent à défiler.

D'un autre côté, le 8e corps effectuait, mais trop tardivement, le passage du Dniéper à Prouditchewo, à deux lieues en amont de la ville, et y demeura stationnaire le 18 et le 19, alors que sa participation, comme on le verra, eût été décisive; mais déjà le duc d'Abrantès, si brave, si brillant, si impétueux, était atteint du mal funeste qui devait hâter sa fin. En effet, ce fut inutilement que le lieutenant Fernand de Chabot (1), aide-de-camp du comte de Narbonne, lui porta, au nom de l'Empereur, l'ordre de se diriger sur la route de Moscou, et que l'officier d'ordonnance Gourgaud vint itérativement lui confirmer le même ordre : le duc d'Abrantès resta immobile. Aussi l'Empereur, en apprenant sa résistance, s'écrie-t-il : — « Il oublie donc qu'il a été mon aide-de-camp? »

Le maréchal Ney poussait ses reconnaissances sur la route de Moscou, tandis que le vice-roi observait celle de

(1) Aujourd'hui duc de Rohan.

5.

Saint-Pétersbourg; mais le 19, son avant-garde éprouva, non loin de Valontina, une résistance inaccoutumée; en effet, les forces de l'ennemi étaient concentrées sur ce point, et l'engagement devint si sérieux, que toutes les divisions du maréchal furent successivement engagées; enfin, quoique la journée fût déjà fort avancée, le maréchal ordonna à la division Gudin du 1er corps (placée momentanément sous son commandement) de s'emparer des positions formidables occupées par les Russes. Cet ordre fut exécuté avec une rare intrépidité; mais, dès la première attaque, le général Gudin tomba mortellement blessé (1). Aussitôt le général Gérard,

(1) Le général Gudin, mortellement blessé, avait conservé cet admirable sang-froid, type de son beau caractère, et, ne songeant qu'au salut de l'armée, désigna le général Gérard pour lui succéder dans le commandement, quoique celui-ci fût le moins ancien des trois généraux de brigade de sa division.

prenant le commandement, poussa droit à l'ennemi sur trois colonnes, et à 10 heures du soir, après avoir éprouvé une perte de 15 à 1,800 hommes, et en avoir tué 5 à 6,000 à l'ennemi, il était maître d'un champ de bataille que les Russes avaient défendu vaillamment.

Ce combat, où plus de 50,000 hommes ont été successivement engagés, a été assimilé par l'Empereur à une bataille. (II° Bulletin.)

Le 20, à huit heures du matin, l'Empereur monte à cheval et se rend sur le champ de bataille de Valontina. Il le parcourt et dit : — « Voilà comme » j'aime un champ de bataille : quatre » Russes contre un Français. Gérard, » c'est fort bien. »

L'Empereur comble de grâces la division, cause familièrement avec l'officier et le soldat; enfin, au moment de partir, il ordonne que les officiers supérieurs forment le cercle autour de lui :

— « Quel est le plus brave d'entre vous ? » On présente un chef de bataillon. L'Empereur lui donne la décoration d'officier. — « Sire, lui dit le général, » votre majesté l'a nommé major (1).
» — Eh bien ! ce sera un major officier » de la Légion-d'Honneur. »

Il en fait de même pour les capitaines.

— « Désignez-moi le plus brave lieu- » tenant.

— » Sire, ils sont tous bons.

— » Ce n'est pas une réponse ; » voyons, désignez-moi le meilleur.

— » Sire, ils sont tous bons, » dit un capitaine plus familier que les autres. L'Empereur, s'adressant à celui-là :

— « Réponds-moi comme Thémisto- » cle : Le premier c'est moi, le second » c'est mon voisin. »

---

(1) C'est-à-dire, lieutenant-colonel.

Alors on désigna le lieutenant Moncey, qui était blessé et absent.

— « Moncey, qui a été mon page?.. » Allons, désignez-m'en un autre...

— » Sire, c'est le meilleur.

— » Eh bien! je lui donne la déco- » ration. »

A son retour dans Smolensk, l'Empereur reçoit des nouvelles du duc de Reggio et du prince de Schwartzenberg. Le premier avait été blessé, et était remplacé par le général Gouvion Saint-Cyr, qui avait obtenu sur Wittgenstein un avantage assez important pour qu'à cette occasion l'Empereur l'ait élevé à la dignité de maréchal de l'Empire.

Le prince de Schwartzenberg se maintenait dans ses positions; mais il annonçait que les forces de l'ennemi augmentaient tous les jours par l'arrivée des troupes de Moldavie et de Valachie sous les ordres de Tchitchagotff, qui avait succédé à Kutuzoff, auquel le commandement en chef des armées venait d'être conféré.

L'Empereur consacra le temps de son séjour à Smolensk à régler l'organisation du gouvernement de la province dont le commandement fut confié au général Charpentier (1), et à expédier des ordres à tous les gouverneurs des provinces, et aux commandants des corps ou fractions de corps d'armée détachés.

Quelques bons esprits pensaient qu'il était de la prudence, à une époque aussi avancée de la saison, de ne pas entreprendre une seconde campagne; qu'il était convenable de s'établir sur le Dniéper, et de s'occuper sérieusement, jusqu'au retour de la belle saison, de donner une constitution au royaume de Pologne. D'autres avaient la confiance que le génie de l'Empereur triompherait de l'armée russe, qu'une bataille serait

(1) C'est cet officier général que l'Empereur avait laissé à Witebsk.

décisive, qu'elle nous ouvrirait les portes de Moscou et que l'Empereur dicterait les conditions d'une paix glorieuse et durable (1).

Cependant l'avant-garde, composée des troupes du roi de Naples et du maréchal Ney, avait dépassé Doroghobouj, quand, le 24 à minuit, l'Empereur se détermina à quitter Smolensk; l'armée marchait sur trois colonnes : le vice-roi flanquait la gauche; les Polonais, la droite; et la garde avec la cavalerie, les 1er et 3e corps, occupaient le centre.

La chaleur était accablante; un sable mouvant rendait la marche pénible, les nuits étaient fraîches et la rosée dangereuse. Les chevaux tombaient privés de nourriture, les hommes eux-mêmes étaient abattus; l'incendie était

(1) Aujourd'hui les opinions émises par ceux qui ont écrit la campagne de Russie, notamment par le général Gourgaud, le colonel Boutourlin, etc., ont éclairé cette question; mais nonobstant ce que le temps a révélé, je reproduis textuellement la narration écrite il y a trente ans.

général, et les Russes ne laissaient derrière eux que des ruines.

C'est quelques jours plus tard, au milieu de tant de souffrances, que l'armée eut à traverser huit lieues d'un pays manquant absolument d'eau; ceux des nôtres qui avaient été en Égypte croyaient y avoir moins souffert, et ceux qui revenaient d'Espagne souffraient plus encore de la chaleur (26 degrés) de la Russie que de celle qu'ils avaient éprouvée dans l'Andalousie.

Le 29, à 5 heures du matin, on entra dans Wiazma sans coup férir : c'était une jolie ville, embellie par un grand nombre d'églises d'architecture grecque et dont l'aspect avait quelque chose d'oriental. Le feu éclatait de toutes parts; et il ne restait dans la ville que quelques habitants qui s'étaient réfugiés dans une église où l'évêque de Wiazma, mort depuis quelques jours, reposait sur un lit de parade, revêtu de ses habits pontificaux. Le général Caulaincourt, qui était entré dans Wiazma avec l'avant-garde du général Nansouty, avait aussitôt fait placer un poste à l'église, afin que le service funèbre ne fût point troublé.

L'Empereur passa dans cette ville la journée du 30, et s'en éloigna le 31 à dix heures du matin pour se porter sur Ghiat en passant par Velitschevo. Les Russes ne défendirent point l'entrée de Ghiat, dont l'incendie fut général. (Cette ville était construite en bois.)

Depuis trois jours une pluie constante fatiguait l'armée, et avait occasionné des pertes en hommes et en chevaux d'autant plus nombreuses que le soldat ne recevait aucune distribution de vivres, et que plus on opprochait de Moscou, moins le pays offrait de ressources; en un mot, l'existence des hommes était un problème.

D'un autre côté, la saison était avancée, et l'on regardait comme impossible de pousser plus loin.

Telle était l'opinion du prince de Neuchâtel, qui hasarda de sages représentations à l'Empereur. Il les reçut fort mal : — « Allez-vous-en, lui dit-il, je
» n'ai pas besoin de vous; vous n'êtes
» qu'une.... Rentrez en France; je ne
» retiens personne de force. »

A ces dures paroles, le prince, se grandissant de toute la dignité d'un dévouement éprouvé et sans bornes, fit cette belle et noble réponse :

« *Quand l'armée est devant l'ennemi,*
» *le vice-connétable ne la quitte pas, il*
» *prend un fusil et se met dans les rangs*
» *des soldats.* »

Cette bourrasque affligea profondément le prince de Neuchâtel, qui, bien que mangeant habituellement avec l'Empereur, resta jusqu'à Mojaïsk sans qu'un officier de la bouche vînt lui annoncer,

comme à l'ordinaire : « L'Empereur est
» servi (1). »

Quelques instants plus tard, le maréchal Ney, étant entré chez l'Empereur, lui déclara que si la pluie ne cessait pas il était impossible de pousser plus loin, que les troupes étaient exténuées. L'Empereur l'écouta sans donner aucun témoignage d'impatience et lui dit : « Si
» la pluie continue pendant la journée,
» demain nous nous retirerons sur Smo-
» lensk. » Le ciel devait en décider autrement : le soleil parut, et l'ordre de départ fut donné dans la même journée.

Le 4, l'Empereur partit à midi pour se rapprocher de l'avant-garde. L'armée marchait avec la confiante habitude d'arriver sans coup férir, lorsque, le 5 au matin, ayant reconnu des forces considérables, le roi de Naples déploya

---

(1) Le prince de Neuchâtel ne s'est jamais rendu au dîner de l'Empereur sans qu'un officier de la bouche vînt l'avertir. (Voir la note historique.)

aussitôt sa cavalerie. Nous n'étions plus alors qu'à six lieues de Mojaïsk, seule ville qui restât à enlever avant d'arriver à Moscou.

L'Empereur s'arrêta quelques instants à l'abbaye de Kolotskoï, destinée depuis à servir d'hôpital. Ayant, de ce point, découvert plusieurs colonnes ennemies, il ordonna une reconnaissance à fond; mais bientôt les Russes s'arrêtèrent pour défendre un mamelon protégé par un ravin qui traversait un village auquel, dans le dessein de masquer leur mouvement, ils venaient de mettre le feu.

La position occupée par les Russes était d'autant plus importante, qu'elle couvrait leur gauche, vers laquelle les efforts de notre armée semblaient être dirigés. L'Empereur, ayant demandé sa lunette, examina attentivement les positions que l'ennemi paraissait dans l'intention de défendre; il causa assez longtemps avec le maréchal Ney, et ensuite, s'étant avancé de quelques pas, il envoya au prince d'Eckmühl l'ordre de faire attaquer vivement la position par la division Compans. Sur-le-champ des tirailleurs furent lancés dans la direction du village dans le dessein d'attirer l'attention de l'ennemi, tandis que le 57ᵉ et le 61ᵉ régiment tournaient, à la faveur de l'incendie, le village avec leur artillerie.

Du point où l'Empereur s'était arrêté, on observait à merveille toute cette manœuvre, et bientôt la fumée s'étant dissipée, on aperçut distinctement sur le sommet du mamelon, non-seulement des masses imposantes d'infanterie et de cavalerie russes, mais de plus une redoute armée de douze bouches à feu.

Pendant que ces choses se passaient, les différents corps d'armée dont quelques-uns étaient déployés dans la plaine, assistaient comme spectateurs à cet engagement, et nos tirailleurs, appuyés par le 25ᵉ et le 111ᵉ de ligne, dépassaient le village et atteignaient le sommet du mamelon; là, protégés par de petites barrières qui séparaient les champs, ils ajustaient tranquillement les cavaliers russes qui étaient dans l'impuissance de les charger.

D'un autre côté, le mouvement du 57ᵉ et du 61ᵉ régiment s'étant effectué, et leur tête de colonne ayant également abordé le mamelon, on vit s'engager une fusillade bien nourrie, soutenue par quelques bouches à feu; et peu d'instants après, le 57ᵉ régiment s'étant élancé dans la redoute, l'emporta avec une admirable intrépidité. Six pièces de canon furent les trophées de cette journée.

L'Empereur, satisfait de la belle conduite du 57ᵉ, nomma le même jour, et dans la redoute même, le colonel (Charrières) général de brigade (1).

---

(1) La relation du colonel Boutourlin manque à cet égard d'exactitude; ce n'est pas le 61ᵉ mais bien le 57ᵉ régiment qui a emporté la redoute.

La journée étant avancée, l'Empereur se dirigea vers ses tentes qui avaient été dressées en arrière du village de Borodino, sur la gauche de la route, au milieu du carré de la garde.

Les corps d'armée bivouaquèrent en ordre et en position.

La cavalerie se répandit en arrière dans les villages.

Le 6, à six heures du matin, l'Empereur parcourait à cheval nos avant-postes et reconnaissait la position des Russes; à son retour il fit annoncer par un ordre du jour que l'armée devait prendre du repos pendant le reste de la journée et que le lendemain il y aurait bataille.

La joie, l'espérance animaient tous les camps; le soldat préparait gaiement ses armes, les officiers supputaient les chances de succès, la confiance était sans limite.

Quel pinceau pourrait rendre l'aspect

radieux de ces bivouacs où tant de nations se pressaient ? quelle plume saurait décrire les sentiments divers et tumultueux dont les cœurs étaient agités ? et cependant tous venaient se confondre dans un seul : le culte passionné dont en ce moment l'Empereur était l'idole.

Ce grand jour d'une bataille a été attendu sans proférer une plainte, et cependant depuis un mois l'armée n'avait reçu aucune distribution !

A deux heures, l'Empereur monte à cheval pour la seconde fois ; son activité première a reparu avec le péril ; il voit tout, il prévoit tout, il est partout comme aux plus beaux jours de sa gloire. Il se porte d'abord à l'extrême gauche, et parcourt seul avec le vice-roi les bords de la petite rivière de Cologza, qui sépare nos avant-postes de ceux de l'ennemi ; il s'y arrête assez long-temps à portée de voix des bivouacs russes sans être inquiété, si bien qu'on aurait pu croire qu'on se fût tacitement promis, à la veille de cette mémorable journée, de ne commettre aucune agression.

Il se porte ensuite à l'extrême droite et s'assure que la ligne des Russes se prolonge dans un ordre oblique, en coupant la route de Moscou, jusqu'à la hauteur des grands bois sur lesquels notre droite vient s'appuyer; il reconnaît aussi que plusieurs redoutes couvrent les positions des Russes et que des terres ont été remuées pendant la nuit (les ingénieurs géographes sous les ordres du général Bacler d'Albe avaient depuis le matin travaillé à la levée des positions).

La journée du 6 se termina par un incident propre à fournir le sujet d'un beau tableau : au moment où l'Empereur revenait à sa tente, il y trouva M. de Beausset, préfet du palais, qui arrivait directement de Paris, chargé de dépêches de l'impératrice et du portrait du roi de Rome, *peint par Gérard;* l'enfant est dans son berceau. On le présente à l'Empereur qui, après l'avoir considéré silencieusement, le découvre aux yeux de sa garde; puis il dit vivement et comme s'arrachant à une émotion qu'il s'efforce de maîtriser :

— « *Retirez-le, il voit de trop bonne* » *heure un champ de bataille.* »

Pour la première fois, depuis l'ouverture de la campagne, les Russes se décident à attendre le combat; mais les positions qu'ils occupent et que Kutuzoff a évidemment choisies, sont fortes et bien défendues; ses forces sont supérieures aux nôtres, ses ressources sont abondantes, et sa retraite est assurée sur un pays fertile.

Bagration et Toutchkof commandent la gauche; ils comptent 62,000 hommes; Barklay de Tolly, la droite; il en compte 70,000; et Platow réunit au commandement de ses cosaques celui des 30,000 hommes des réserves de Moscou qui avaient rejoint l'armée.

Cependant l'Empereur peut à peine opposer 140,000 hommes, y compris la garde, à une armée placée dans les conditions les plus favorables, et va livrer une bataille à six cents lieues de ses frontières, n'ayant derrière lui qu'un pays dévasté !

L'ordre de bataille, après avoir éprouvé quelques modifications pendant la nuit, peut être, au moment de l'attaque, résumé ainsi qu'il suit :

Extrême gauche. — 4e corps. 1re et 2e divisions du 1er corps, traversant la grande route (vice-roi).

Centre. — 3e et 8e corps (maréchal duc d'Elchingen).

Extrême droite. — 1er et 5e corps (prince d'Eckmühl).

La cavalerie (roi de Naples), suivant l'urgence.

La garde impériale, en réserve.

Indépendamment des ordres qui précèdent, l'Empereur ayant fait appeler dans sa tente, à neuf heures du soir, quelques-uns des officiers de sa maison et aussi du cabinet du major-général, dicta les dispositions d'attaque, dont voici le texte fidèle :

« Il sera construit pendant la nuit
» deux redoutes vis-à-vis celles de l'enne-
» mi qui ont été reconnues pendant la
» journée. La redoute de droite sera ar-
» mée de 42 bouches à feu; celle de
» gauche, de 72. A la pointe du jour,
» celle de droite commencera à tirer,
» celle de gauche répondra aussitôt, et
» le vice-roi jettera dans la plaine une
» masse considérable de tirailleurs qui
» fourniront une fusillade bien nourrie.
» Les 3e et 8e corps, sous les ordres du
» duc d'Elchingen, jetteront aussi quel-
» ques tirailleurs, de même que le prince
» d'Eckmühl.

» Le prince Poniatowski (5e corps)

» se mettra en mouvement à minuit, de
» manière à arriver à 6 heures du matin
» à deux lieues en arrière de la gauche
» de l'ennemi.

L'action ainsi engagée, l'Empereur
» donnera lui-même ses ordres.

» L'ordre du jour ci-après sera lu aux
» troupes à la pointe du jour :

« Soldats !

» La voilà, cette bataille que vous avez
» tant désirée ; désormais la victoire dé-
» pend de vous ; elle est nécessaire : elle
» amènera l'abondance et nous assure
» de bons quartiers d'hiver et un prompt
» retour vers la patrie. Soyez les soldats
» d'Austerlitz, de Friedland, de Vitebsk,
» de Smolensk, et que la postérité la
» plus reculée dise en parlant de vous :
» Il était à cette bataille sous les murs
» de Moscou ! »

Il était dix heures quand l'expédition

des ordres fut terminée, et chacun en se retirant emportait le sentiment intime d'une confiance impossible à définir : il est vrai que l'Empereur avait dicté ses ordres avec une sérénité et un calme qui donnaient à sa parole une sorte d'autorité infaillible, et qui tout à la fois imprimaient aux apprêts de ce grand jour un caractère imposant et solennel.

Le 7, l'Empereur monte à cheval avant le jour, c'est-à-dire avant l'heure fixée pour l'attaque (il était environ six heures du matin), et se porte en avant de la redoute enlevée le 5 par le 57e régiment. Il souffrait d'une horrible migraine.

Toutefois, la canonnade ne commença qu'à sept heures du matin, afin de laisser au prince Poniatowski le temps d'exécuter son mouvement.

Le temps était voilé, le vent soufflait à l'ennemi, et des tourbillons de poussière, mêlés à la fumée, obscurcissaient l'horizon.

L'Empereur resta une heure à la redoute, et descendit ensuite vers une espèce de ravin, où il passa la plus grande partie de la journée (jusqu'à deux heures). De ce point, il ne pouvait découvrir qu'une partie du champ de bataille ; cependant quelques obus et quelques boulets passaient par-dessus sa tête.

La ligne de l'ennemi était protégée par des positions formidables et par des redoutes et des redans qui croisaient leurs feux.

Déjà l'action était engagée sur tous les points.

La garde impériale, vieille et jeune, était en arrière en bataille.

A peine le 2ᵉ corps de réserve de cavalerie s'était-il déployé dans la plaine, que son chef (le général Montbrun) avait été renversé. Aussitôt l'Empereur envoie le général Auguste Caulaincourt prendre son commandement : — « Allons, dit Caulaincourt en partant, » allons venger sa mort. »

Son heure, hélas! allait bientôt sonner......

Quelques instants après, on annonce à l'Empereur que le prince d'Eckmuhl est grièvement blessé; que son chef d'état-major (le général Romeuf) est tué (1).

Aucune altération, aucune marque d'inquiétude ne trahit son émotion. L'Empereur reste impassible; cependant on lui annonce au même moment (il était huit heures) que le corps polonais revient sans avoir pu exécuter son mouvement.

La défense de l'ennemi est opiniâtre; mais c'est au centre qu'il oppose la plus

---

(1) Peu d'instants après, un officier vint dire à l'Empereur que le prince d'Eckmuhl était à la tête de ses troupes : « Dieu soit loué!... » dit-il avec effusion

énergique résistance; la fatale redoute décime nos rangs; elle est prise, reprise et disputée de nouveau.

Impatient de faire cesser le carnage, l'Empereur donne l'ordre de s'emparer de cette gigantesque batterie à épaulement et fossés. A cet ordre, le général Caulaincourt, jugeant que l'infanterie a besoin d'être excitée, dispose sa troupe, tourne la batterie, s'élance à la tête du 5ᵉ régiment de cuirassiers et tombe frappé mortellement en pénétrant dans son enceinte.

L'infanterie soutient ce mouvement.

La rage anime tous les cœurs, on oublie ses affections pour arracher la victoire des mains de l'ennemi; les Russes se défendent comme des lions; les Français combattent comme des héros. Une grêle de fer couvre la plaine. Les batteries de droite détruisent les 3ᵉ et 8ᵉ corps; mais bientôt le 1ᵉʳ corps s'en empare; la cavalerie exécute des charges heureuses; le roi de Naples est à sa tête; il est invulnérable.

Dans ce moment important de la journée (il était environ deux heures), le maréchal Ney fait dire à l'Empereur que le secours de la cavalerie de la garde déterminerait la déroute de l'ennemi. L'Empereur n'avait pas encore quitté la position qu'il occupait depuis le commencement de la bataille.

On sonne à cheval.

Ces escadrons sacrés s'avancent lentement; les destinées du monde semblent leur être confiées; le respect, la crainte, l'espérance passent dans tous les cœurs.

Cependant cette troupe s'arrête : l'Empereur en a autrement ordonné !...

Un maréchal de l'Empire, dont je tairai le nom, s'était approché de l'Empereur et lui avait dit :

« *Sire, votre majesté est à huit cents lieues de sa capitale!* »

Ces paroles prononcées à voix basse furent cependant entendues par M. le comte Daru, ministre d'État, qui le soir même me fit l'honneur de me les répéter, en déplorant un conseil de prudence qui rendait nulle l'issue de la journée (1).

Le prince Poniatowski est en ligne avec ses Polonais; il n'y a plus de manœuvres; ce sont des masses que l'on oppose à des masses. L'acharnement, le désespoir et la nécessité dirigent le soldat; il n'y a plus de souvenirs; il n'y n'y aura bientôt plus de patrie : il faut vaincre ou mourir.

La nuit, la tardive nuit! vient cacher tant d'horreur; la fatigue arrête le carnage.

(1) L'opinion du colonel Boutourlin est conforme cette observation. Je répète que je reproduis mot pour mot la narration écrite le 1er janvier 1813, bien que je sache qu'il y ait sur cette circonstance des opinions imposantes qui justifient le parti que l'Empereur crut devoir prendre.

Les feux des bivouacs s'élèvent lentement, et le silence de la nuit n'est troublé que par les gémissements des blessés et des mourants. Cependant la lassitude amène le sommeil : on dort près de l'ami qu'on a perdu. Cruel réveil! la faim le provoque.

Rien, rien : le soldat se tait... il brûle encore du désir de la vengeance!

Le jour a paru : il éclaire un champ de bataille jonché de cinquante mille tués ou blessés, de douze mille chevaux étendus ou se traînant à peine, et de deux cents voitures, affûts ou canons renversés (1).

(1) Les états que j'ai dressés, d'après ceux remis au major-général par les chefs d'état-major des différents corps d'armée, et dont le prince de Neuchâtel me défendit de révéler le chiffre, présentaient :

49 officiers généraux tués ou blessés (10 tués);

37 colonels (10 tués);

6,547 officiers, sous-officiers et soldats tués;

Et 21,453 blessés. (Les originaux de ces états, de ma main, sont au dépôt de la guerre.)

La perte des Russes a été de 50,000 hommes.

Quant à l'énorme consommation de poudre, les états

Tout est désordre, tout est désolation!...

Au nombre des victimes de cette sanglante journée, nous avons vu périr Jules de Canouville, chef d'escadron au 1er régiment de chasseurs, autrefois aide-de-camp du prince de Neuchâtel. Il a été renversé aux côtés du général Girardin, frappé au front par un biscayen. C'était un aimable et beau jeune homme, aussi

remis par M. le général comte Lariboissière, premier inspecteur-général de l'artillerie, attestent qu'il a été tiré 60,000 coups de canon et brûlé 1,400,000 cartouches dans la journée du 7 septembre. Or, la bataille ayant duré environ dix heures, c'est par minute 100 coups de canon et 2,300 coups de fusil ! sans parler du feu des Russes......

Le colonel Boutourlin est tout à fait dans l'erreur dans l'élévation de nos pertes; mais ce qui est digne de remarque, c'est que celles qu'il accuse du côté des Russes présentent exactement le chiffre de 50,000 hommes auquel l'Empereur avait évalué, le lendemain même de la bataille, la perte des Russes. (Voir, à la fin du volume, l'état nominatif des généraux et colonels tués ou blessés.) Cet état de ma main a été mis sous les yeux de l'Empereur et se trouve aujourd'hui au dépôt de la guerre.

brave que spirituel. La veille de la bataille il était venu voir ses anciens camarades au bivouac du prince; mais il y avait dans sa gaieté une sorte d'effort qui contrastait avec son caractère, et dont quelques-uns d'entre nous avaient fait la remarque. Son frère, le comte Ernest de Canouville, maréchal-des-logis de la maison de l'Empereur, l'a déposé dans sa dernière demeure : c'était un douloureux spectacle, car rien n'égalait l'amitié de ces deux frères.

Le 8, l'armée marcha sur Mojaïsk. Elle traversa une forêt où tout rappelait la mort; de distance en distance, de petites croix en bois placées sur des tertres récemment remués indiquaient les sépultures élevées par les Russes à leurs officiers.

Avant de pénétrer dans Mojaïsk, la cavalerie eut un engagement assez sérieux dans lequel le général Belliard reçut à la jambe une forte contusion de boulet.

La marche fut lente, et l'Empereur passa la nuit en arrière de Mojaïsk, dans le village de Staroknowo.

Le 9, il entra, à dix heures du matin, dans la ville, où l'ennemi n'avait tenu que pour faciliter l'enlèvement des blessés. Cependant un nombre assez considérable de morts couvrait les places, et un plus grand nombre de blessés se traînaient dans les rues et encombraient les maisons.

Le gros de l'armée ennemie avait continué avec autant d'ordre que de précision sa retraite dans la direction de Moscou, tandis qu'une partie de ses forces se retirait sur Wéréia, circonstance alors ignorée. Quant à notre avant-garde, elle suivit et continua d'observer le mouvement des Russes sur la route de Moscou.

Pendant que ces choses se passaient, l'Empereur, préoccupé des soins à donner aux blessés, consacra trois jours aux ordres que nécessitaient les circonstances, et ne quitta Mojaïsk que le 12, pour aller coucher au château de Tatarki, et le lendemain à Bezowska, village situé à quelques wersts de Moscou.

Le 14, à la pointe du jour, avant de monter à cheval, l'Empereur avait envoyé l'un de ses officiers d'ordonnance auprès du roi de Naples ; cet officier le rejoignit au moment où le roi, à la tête de l'avant-garde, venait d'atteindre une hauteur dite des Moineaux, d'où l'on découvrait la ville dans toute son immensité.

Sur ces entrefaites un officier russe se présenta comme parlementaire, et vint, au nom du général commandant l'arrière-garde, proposer une sorte d'armistice tacite dont l'objet était de donner aux Russes la facilité d'enlever une partie de leurs blessés, recommandant d'ailleurs à la générosité française ceux qui ne pourraient point être transportés.

Déjà l'Empereur n'était qu'à une petite distance de l'avant-garde, lorsque le chef d'escadron Gourgaud, franchissant les obstacles qui le séparent de la route, arrive, rend compte de ce qui se passe, et retourne au roi de Naples pour l'informer que l'Empereur accède aux propositions qui viennent d'être faites ; mais sous la condition expresse que les Russes continueront leur mouvement sans interruption.

Toutefois pendant les courts instants que cet officier était resté devant l'Empereur, il avait dû satisfaire à une foule de questions précipitées sur l'aspect, l'étendue, la situation de Moscou. Ses réponses étaient précises; mais elles se ressentaient de l'exaltation ou plutôt de l'enivrement que chacun de nous éprouvait au moment d'entrer dans cette vieille capitale de la Russie, en se rappelant que quelques mois auparavant nous assistions au bombardement de Cadix.

En effet, Moscou, c'était la paix! c'était une paix glorieuse!

Le mouvement des deux armées s'exécute simultanément; le roi de Naples et le maréchal Ney ont franchi le pont de la Moskowa; officiers et soldats, Français et Russes, se pressent, se confondent.

Le roi est lui-même au milieu des Russes; il s'arrête, et élevant la voix:

— « *Y a-t-il ici un officier qui parle* » *français?* »

— « *Oui, Sire,* » répond un jeune officier russe assez rapproché de lui.

— « *Quel est celui qui commande l'ar-* » *rière-garde?* »

Le jeune officier fait quelques pas et lui présente un vieillard à figure martiale, revêtu de l'uniforme des Cosaques réguliers.

— « *Demandez lui, je vous prie, s'il* » *me connait?* »

— « *Il dit, Sire, qu'il connait votre*

» *majesté ; qu'il l'a toujours vue au milieu*
» *du feu.* »

Cette réponse véridique n'en était pas moins flatteuse.

Dans le cours de ce colloque qui se prolongea quelques instants, le roi ayant observé que le petit manteau à poil long que portait le vieil officier devait être excellent au bivouac, celui-ci le détacha de dessus ses épaules et l'offrit au roi, qui le pria d'accepter, en souvenir de leur rencontre, une montre que le vieux guerrier reçut avec les témoignages d'une profonde gratitude (1).

Cependant on pénètre lentement et au hasard dans la ville, en suivant l'arrière-garde des Russes, jusque sous les murs du Kremlin. Là, l'officier d'ordonnance Gourgaud, dans l'intention

---

(1) Le roi, pris au dépourvu, dit à Gourgaud qui était à ses côtés : « Donnez-moi votre montre. » Il se trouva, par événement, que cette montre était un fort joli bijou que Gourgaud lui-même avait reçu d'une main illustre.

d'obtenir quelques renseignements, se dirige, accompagné d'un interprète, vers le palais, aux portes duquel on aperçoit des groupes assez nombreux ; mais cette démarche faillit de lui devenir funeste ; car à peine avait-il fait quelques pas, qu'il fut accueilli par les coups de fusil d'une bande de misérables galériens, dont au surplus deux pièces de canon réprimèrent bientôt l'audace (1).

Pendant que ces choses se passaient, l'Empereur attendait aux portes de la ville, et non sans impatience, qu'on vînt lui en présenter les clefs : impatience qui s'explique d'autant mieux, qu'une heure environ avant d'y arriver il avait fait appeler le général comte Durosnel, son aide-de-camp, commandant du quartier-général impérial, et lui avait dit :

(1) Au moment où l'armée se présenta devant la ville, les bagnes avaient été ouverts, et tous les galériens avaient été armés.

— « Allez en ville ; réglez le service,
» et réunissez la députation qui devra
» m'apporter les clefs.

» Vous, Denniée, rendez-vous aux
» États, prenez connaissance des res-
» sources, et vous me rendrez compte. »

Mais à peine avions-nous dépassé le pont de la Moskowa, qu'une vingtaine de personnes se précipitèrent avec effroi à notre rencontre : c'étaient des négociants, la plupart allemands, italiens ou français, échappés aux poursuites de Rostopchin, qui venaient, frappés de stupeur, se réfugier sous la protection de nos drapeaux. Ils nous apprirent ce qui s'était passé dans la ville depuis le jour de la bataille ; quelles avaient été les persécutions et les mesures rigoureuses du gouverneur, que la ville avait été abandonnée, en un mot que Moscou n'offrait plus qu'un désert.

A la nouvelle de cet événement funeste, l'Empereur prend la résolution de passer la nuit du 14 dans le faubourg de Bois, et n'entra que le lendemain 15, à huit heures du matin, dans le palais des Kzars, après avoir traversé une partie de cette immense, belle et opulente cité.

L'entrée de Moscou par la nouvelle route de Smolensk est, comme toutes les entrées de la ville, indiquée par deux obélisques de quarante à quarante-cinq pieds d'élévation ; la rue étroite et mal bâtie qui se présente après le passage du pont, sur la Moskowa, ne serait guère propre à en donner une idée favorable, si l'espace, en s'élargissant, ne découvrait bientôt de jolis bâtiments éblouissants de blancheur, auxquels succèdent de vastes palais d'une architecture capricieuse, détachés sur les belles masses de verdure de leurs spacieux jardins. Tout est grâcieux, rien n'est régulier ; l'œil est étonné, mais il est séduit.

Après un assez long trajet dans la

Dverskoë (1), on découvre les murs du Kremlin, dont les premières constructions remontent à 1300, sous Daniel, duc de Russie. Plus de deux cents petits clochers dorés, de forme sphérique, planent sur cet édifice et offrent un aspect d'autant plus pittoresque que leurs proportions sont inégales, et que, groupés en nombre impair, celui du centre domine toujours les autres.

Le Kremlin occupe le point le plus élevé de la ville et forme pour ainsi dire à lui seul une ville distincte. Ses murailles crénelées sont baignées par la Moskowa et rappellent les monuments du moyen-âge. Toutefois les bâtiments qu'elles renferment diffèrent essentiellement de style : d'un côté l'arsenal, l'hôtel des archives et le palais du Sénat, sont des monuments modernes ; de l'autre, le vieux et sacré Kremlin a

---

(1) C'est une des principales rues de Moscou.

extérieurement conservé son ordre tout à la fois oriental et gothique.

Au pied de la tour Iwan, que l'Empereur et le prince de Neuchâtel ont habitée, se développe une double rampe qui conduit aux appartements, d'où l'on découvre la vaste étendue de cette admirable cité, dont l'œil peut à peine atteindre les limites.

En sortant du Kremlin proprement dit, on traverse une place de forme elliptique, autour de laquelle règnent de riches magasins d'une architecture régulière; plus loin, l'aspect de la ville change de caractère, et offre le coup d'œil le plus pittoresque et le plus varié : d'un côté, c'est la ville chinoise; de l'autre, ce sont de magnifiques palais qui attestent l'existence d'une puissante aristocratie. Au delà et près de la porte de Kasan, on admire le charmant palais d'été : l'architecture en est noble et simple; les jardins sont dessinés avec goût, et les serres sont parées des plantes les plus rares ; mais la recherche et l'élégance de l'intérieur de ce palais dépassent tout ce que peut créer l'imagination. En un mot, le palais d'été est une féerie des *Mille et une Nuits* (1).

Au nombre de ces magnificences, on doit encore citer de somptueuses habitations : le palais de la princesse Daskoff, ceux du prince Galitzin, du comte Orloff, et tant d'autres dans lesquels il n'est pas rare de trouver des salles de spectacle assez vastes pour recevoir cinq à six cents spectateurs.

Nous avons vu, nous avons admiré toutes ces merveilles; mais dans la nuit du 15 au 16, l'incendie, qui d'abord ne s'était manifesté que sur quelques points assez éloignés les uns des autres, fit

(1) Le prince de Neuchâtel, qui m'avait désigné pour l'accompagner, a visité ce palais le jour même où l'Empereur est entré dans le Kremlin.

des progrès effrayants, et bientôt devint général. Ses ravages furent rapides et sûrs ; car dans sa barbare prévoyance le Russe avait soustrait tout moyen de secours ; et, pour comble de maux, un vent d'est des plus violents vint encore exciter l'incendie.

En vain essaierait-on de décrire l'horreur de cette nuit et des jours qui la suivirent : Moscou est en flammes ; des trombes de fumée s'élèvent de toutes parts ; d'effroyables détonations font voler des toits en éclats (1); bientôt la ville entière n'est qu'une fournaise ardente.

Cependant l'Empereur n'a point quitté le Kremlin ; il assiste du haut de la tour Iwan à cette horrible catastrophe ; calme et inébranlable, il reçoit les rapports qui se succèdent d'instant en instant.

(1) La plupart des grands magasins étaient couverts en fer battu.

En vain le presse-t-on de quitter cette demeure; il résiste avec opiniâtreté aux instances de ceux qui l'entourent. Enfin, vers les quatre heures de l'après-midi, on annonce que le feu est sur le point d'atteindre l'arsenal, et qu'il ne reste qu'une seule issue praticable pour sortir du Kremlin (1). Alors, et seulement alors, l'Empereur ordonne le départ; il descend lentement les degrés de la tour, suivi du prince de Neuchâtel et de quelques-uns de ses officiers; il traverse, appuyé sur le bras du duc de Vicence, un petit pont en bois qui communique au quai de la Moskowa; là, il trouve ses chevaux, et se dirige sur le château de Peterskoë; château qui fut la résidence de l'impératrice Catherine à l'époque de son voyage en Crimée.

(1) Le Kremlin renfermait alors plus de 200 milliers de poudre; en effet, quand le maréchal duc de Trévise le fit sauter, il y en avait encore 180 milliers, et cependant toute notre artillerie avait été réapprovisionnée.

Le Kremlin est resté debout : le Russe a respecté l'antique palais de ses maîtres ! Moscou n'existe plus ! Le seul quartier des maréchaux a été préservé des flammes. Deux jours se sont écoulés; ils ont été consacrés par l'Empereur à supputer les chances de succès ou de revers du plan qu'il se décidera à adopter...(1). L'espérance de la paix l'emporte; il traverse de nouveau les ruines encore fumantes de cette ville naguère si belle et si éclatante, pour rentrer dans sa sombre et lugubre demeure; lugubre, car si le vol des oiseaux pouvait être l'indice d'un sinistre présage, jamais séjour n'aurait à plus juste titre inspiré de noirs pressentiments. En effet (2), chaque jour des nuées de corbeaux planaient et croassaient en si grand nombre au-dessus du Kremlin, que par-

(1) C'est alors que l'Empereur eut la pensée de marcher sur Saint-Pétersbourg.
(2) Ce que toute l'armée a pu voir.

fois la lumière du jour en était complétement obscurcie.

Les jours qui suivirent ce grand désastre ne furent point exempts de désordre : quelques soldats avaient abandonné leurs rangs, s'enivraient et se livraient à de honteux trafics. Un ordre du jour émané de l'Empereur rappela chacun à son devoir, et l'ordre fut rétabli.

L'administration générale de l'armée, qui jusque-là avait été dans l'impuissance de rendre aucun service, s'attacha avec soin à réunir et à conserver les denrées qui avaient échappé aux flammes, et parvint à faire des distributions régulières de vivres aux troupes stationnées dans la ville ou dans un rayon assez rapproché; mais on manquait de viande, et l'on devait aller au loin, et non sans danger, faire des fourrages (1).

(1) La rapidité des mouvements de nos armées, qui a, dans tant de circonstances, étonné ou surpris l'ennemi, opposait trop souvent un obstacle invincible à l'applica-

Le calme a succédé à l'orage : on respire, on attend, on vit dans une sorte de quiétude. Nos avant-postes sont dans la direction de Kolomna ; ils communiquent familièrement avec les avant-

tion des sages prévisions d'une bonne administration ; toutefois, la richesse et l'abondance des pays que nous avons sillonnés dans tous les sens : la Saxe, la Prusse, l'Autriche, l'Italie, ont pu parfois suppléer aux impossibilités de transport des vivres à la suite des armées conquérantes. Mais en Russie, mais dans un pays dévasté par l'incendie, l'existence des hommes était véritablement un problème.

Ce n'est point ici le lieu de discuter jusqu'à quel point les dispositions administratives doivent se lier aux combinaisons militaires : sans aucun doute, les premières doivent, dans des limites possibles, être subordonnées aux secondes ; mais aussi est-il vrai de dire que cet adage familier à l'Empereur : *La guerre doit nourrir la guerre*, n'a pas assez souvent reçu une application logique ; car il sera toujours contraire aux intérêts des armées conquérantes d'épuiser le pays par des réquisitions en denrées, parce que le résultat immédiat de ce système est la ruine du producteur : c'est donc par la voie de l'impôt que le pays conquis doit subvenir aux frais de la guerre. Au surplus, depuis trente ans, les opinions sur le crédit ont fait des progrès qui doivent rassurer sur l'avenir postes russes. Les Cosaques réguliers se plaignent des fatigues de la guerre; les officiers causent avec les nôtres; on fait des échanges; on a des déférences, portées, du côté des Russes, au point de céder du terrain, même un village plus abondant en fourrages, au point de nous donner parfois des renseignements utiles.

Le général Sébastiani informe l'Empereur des dispositions pacifiques de l'ennemi, et de l'impatience que montrent les Russes de voir se terminer la guerre; sa confiance augmente en raison de ses espérances, et peut-être la fait-il partager à l'Empereur. On se flatte d'ouvertures d'autant plus prochaines, que l'armée russe, dit-on, n'a plus d'infanterie, que sa cavalerie est harassée, et que les officiers et les soldats n'aspirent qu'au repos. Mais cet ennemi si découragé, cet ennemi si peu redouté, se trouve, le 22 septembre, à notre insu, à la hauteur du château de Galitzin sur la route de Moscou; il nous enlève deux convois, plusieurs estafettes, et quelques jours après un escadron des dragons de la garde et un bataillon de marche.

C'est alors que l'Empereur a dicté cet ordre :

« Général..... vous vous êtes laissé
» grossièrement tromper ; je défends,
» sous peine de mort, toute communi-
» cation avec les avant-postes; ce n'est
» qu'à coups de carabine et de canon
» que l'on communique avec un ennemi
» si déloyal. »

La piste de l'ennemi est perdue (expression de l'Empereur); on pousse des reconnaissances à fond dans toutes les directions; trente officiers se succèdent auprès du roi de Naples; enfin, le 27, on acquiert la certitude que les forces de l'ennemi sont concentrées sur la route de Kalouga. A l'instant l'Empereur ordonne de le rejeter sur l'autre rive de la Pakra.

Après tant de fatigues et de privations, notre cavalerie avait besoin de repos; cependant elle devait pourvoir à un service qui chaque jour devenait plus pénible; en vain écrivait-on que les hommes et les chevaux manquaient de tout, et que les pertes augmentaient de jour en jour; ces rapports étaient taxés d'exagération, soit que, la vérité devînt importune, soit que dans la nécessité d'attendre, on se plût à se faire illusion. En effet, depuis que nous avions pris position sur la Pakra, ce fleuve traçait pour ainsi dire une ligne de tacite neutralité; des pourparlers s'étaient engagés entre les chefs, et ils avaient pris un caractère assez sérieux pour que l'Empereur envoyât, le 4 ocbre, le général Lauriston au quartier-général de Kutuzoff.

A son retour il annonce que Kutuzoff

va expédier un officier à Saint-Pétersbourg pour presser l'empereur de Russie d'adhérer aux propositions de paix, et il ajoute que les dispositions des Russes paraissent tout à fait satisfaisantes.

Assurément les apparences justifiaient cette opinion, car le roi de Naples avait non-seulement des communications faciles avec Kutuzoff, mais avait même reçu le général Benigsen à son quartier-général.

Sur ces entrefaites, c'est-à-dire le lendemain du retour du général Lauriston, un officier russe, voyageant en courrier, est arrêté par nos avant-postes; il se dit porteur de dépêches pour Saint-Pétersbourg; il était de bonne prise. On le conduit au quartier-général; ses dépêches sont remises à l'Empereur, qui les lui fait rendre dans la soirée, avec l'autorisation de continuer sa route; et immédiatement le prince de Neuchâtel témoigne à Kutuzoff le regret de cette méprise (1).

Cependant n'omettons pas de dire que la première pensée de l'Empereur, après l'incendie de Moscou, avait été de marcher sur Saint-Pétersbourg. Il le pouvait avec sécurité, car il avait deux ou trois marches sur Kutuzoff et ne devait rencontrer aucun obstacle; mais les

(1) « De son côté, Kutuzoff, maître du pays, expédiait
» par une autre direction un officier porteur de dépêches
» par lesquelles il annonçait à l'empereur de Russie que
» le mouvement de l'armée de Valachie s'exécutait régu-
» lièrement sur Borusch et sur Minsk, et l'instruisait
» également des pourparlers qu'il avait engagés et qu'il
» continuait habilement avec les chefs de notre armée,
» dans le dessein d'entretenir la pernicieuse sécurité dans
» laquelle nous vivions dans Moscou à une époque si
» avancée de la saison. »

Cette anecdote, contraire aux faits rapportés par Boutourlin, qui a publié à ce sujet plusieurs lettres de l'empereur Alexandre à Kutuzoff, contraire aussi aux assertions de Fain, m'a été rapportée, en 1814, par le baron Zer..., officier diplomatique que Kutuzoff employa lui-même, m'a-t-il dit, à cette importante mission.

Je livre donc ce fait sans autre garantie.

soins à donner aux blessés, et surtout l'inquiétude du sort qui leur serait réservé chez un peuple qui avait eu l'héroïsme ou la barbarie de brûler sa capitale, le fortifièrent dans le parti qu'il prit d'attendre dans Moscou les chances vraisemblables d'une paix dictée au cœur de la Russie.

On espère, on attend ; et cependant le temps s'écoule sans réponse décisive ; Moscou est encombré de blessés de tout grade ; mais l'Empereur s'étant fait rendre compte du nombre d'officiers-généraux et de colonels blessés qui étaient susceptibles d'être transportés (1), en fit mettre une partie en route, sous le

---

(1) Je reçus directement de l'Empereur l'ordre de voir tous les officiers-généraux et colonels blessés ; *de juger par moi-même quels étaient* ceux dont l'état était assez grave pour que l'on dût les renvoyer sur les derrières de l'armée, et de lui rendre compte de la situation *et des dispositions personnelles de chacun.*

L'Empereur apprit, sans surprise, que le général de division Pajol, quoique dangereusement blessé, avait

commandement du général Nansouty, blessé lui-même.

Le 15, dans son impatience, il envoie le duc de Vicence à Kutuzoff; le duc revient le 16, sans aucune nouvelle. Pendant ces lenteurs, notre cavalerie et notre infanterie fondent de jour en jour, et dans une confiance aveugle, nos avant-postes sont aventurés dans des positions diffi-

résisté aux instances des officiers de santé, et ne voulait point s'éloigner de l'armée.

Je mis en route, le 10 octobre, cette colonne commandée par le général Nansouty; elle emportait ce qu'on nommait les trophées de Moscou, parmi lesquels se trouvait l'immense croix qui avait décoré le dôme de la tour Ivan Veliki.

L'Empereur ayant demandé à l'intendant-général en combien de jours il pourrait effectuer l'évacuation des blessés, sur la réponse qu'il faudrait cinquante jours, l'Empereur, fort mécontent, me chargea directement de visiter tous les hôpitaux de Moscou, et de lui présenter l'état numérique, par régiment et par corps d'armée, des soldats et des officiers blessés; et, de plus, d'apprécier le nombre de ceux en état d'être transportés. Le nombre des malades et des blessés dépassait 12,000, et fort peu d'entre eux auraient pu supporter les fatigues de la route.

ciles ; cette pernicieuse sécurité règne encore le 17, quand, le 18, l'événement le plus inattendu vient dessiller les yeux; en effet, le corps de réserve de cavalerie, commandé par le général Sébastiani, est investi de toutes parts; accablé par le nombre, il est contraint d'abandonner une partie de son artillerie, et ne trouve de salut qu'en se portant avec impétuosité, à travers champs, dans la direction de la grande route de Kalouga, de laquelle il était coupé, et qu'il ne put atteindre qu'en renversant plusieurs bataillons d'infanterie russe qui cherchèrent vainement à s'opposer à son passage.

Le roi de Naples est au même instant attaqué sur toute sa ligne, et se trouve dans l'impuissance (en raison des difficultés du terrain) de secourir Sébastiani.

L'Empereur apprit le même jour, à midi, l'attaque et la défaite, et sut en même temps, à n'en pas douter, que, la veille, Kutuzoff avait reçu 10,000 Cosaques réguliers de l'armée de Valachie. Dans cette triste occurrence, l'ordre de départ est donné au même instant, pour le 19, huit heures du matin.

Néanmoins l'Empereur est impassible, et les ordres qu'il adresse à tous les corps d'armée attestent à quel point il domine le péril de la situation ; animé par le ressentiment, il laisse le maréchal Mortier, avec deux divisions de la jeune garde, dans le Kremlin, lui prescrit de s'y maintenir jusqu'au 28, et de ne l'abandonner qu'après l'avoir fait sauter.

Le 19, l'armée défile en bon ordre par la porte de Kalouga, dans le but de rallier le roi de Naples ; mais sa marche est ralentie par les innombrables bagages qu'elle traîne après elle : plus de quarante mille voitures de toute espèce encombrent la route ; ceux qui sortent de Moscou, avertis par l'expérience, se sont prémunis contre la disette et se sont embarrassés d'énormes provisions, que bientôt ils devront abandonner. Les *réfugiés de Moscou* (c'est ainsi que l'on désignait les familles qui étaient venues se placer sous notre protection) composaient en partie cette gigantesque colonne; ils cheminaient péniblement, exposés pour la première fois à toutes les misères de la guerre et aux souffrances plus redoutables encore d'un âpre et dur climat.

L'armée, dont l'effectif dépasse cent mille hommes, arrive le 23 à Borusk, après avoir traversé Troutskoë, Ihnotiwo et Fominskoë. Le temps est superbe, et les plus belles journées d'automne suspendent l'inquiétude de l'avenir. Le pays que nous parcourons offre quelques ressources, et Kalouga en promet davantage.

Déjà (c'était le 24) deux bataillons d'avant-garde du vice-roi venaient à peine de pénétrer dans la petite ville de

Malojaroslawetz, la seule qui restât à traverser avant d'arriver à Kalouga, qu'ils furent attaqués à l'improviste par deux régiments russes, et forcés, après avoir éprouvé une perte considérable, de se replier sur le gros de l'armée.

Kutuzoff, informé tardivement du mouvement sérieux de l'Empereur, a compris l'importance de l'occupation de Malojaroslawetz, et, dans le dessein de nous interdire le passage, veut faire occuper ce point par des forces imposantes.

La position des Russes, devenus maîtres de la ville, est pour ainsi dire inexpugnable : une pente rapide, coupée par un double ravin, protège leurs nombreuses batteries; cependant aucun obstacle n'arrête l'impétuosité de l'attaque. Le 4ᵉ corps enlève successivement toutes les positions, soutenu par les divisions Morand et Gérard du 1ᵉʳ corps; déjà il s'est emparé de la ville; mais elle est prise, reprise, attaquée et défendue avec un acharnement égal. Enfin le vice-roi l'occupe, ou plutôt s'établit sur ses ruines fumantes. Le combat fut long et meurtrier; il nous coûta 2,500 hommes tués ou blessés, et nous laissa à regretter la perte du général Delzons, de l'armée d'Italie, tué à la tête de sa division. La perte des Russes fut plus considérable.

L'Empereur, en apprenant que l'ennemi a montré des forces imposantes, suspend la marche de l'armée et vient coucher à la poste de Ghorodinia, où il reçoit le rapport des événements de la journée.

Le 25, à huit heures du matin, au moment où le brouillard commençait à se dissiper, il monte à cheval pour reconnaître la position; mais à peine a-t-il fait quelques pas que les cris de *hourra! hourra!* sortent d'un bois voisin, et qu'un essaim de Cosaques traverse la route à moins de vingt pas de l'Empereur, sabrant et renversant tout ce qui fait obstacle (1).

Soudain, et plus prompts que la parole, les deux escadrons de service (chasseurs et grenadiers de la garde), à la tête desquels s'est élancé le général Rapp, se mettent à la poursuite de cette bande désordonnée. C'est dans cette mêlée qu'Emmanuel Lecoulteux, aide-de-camp du prince de Neuchâtel, s'étant armé d'une lance qu'il venait d'arracher à l'un des Cosaques, trompa l'œil d'un grenadier à cheval de la garde, qui, le poursuivant à son tour, le perça d'un coup de pointe : la lame, par miracle, passa sous la clavicule sans offenser l'artère.

L'Empereur, après avoir atteint la hauteur de Malojaroslawetz, parcourut un

---

(1) L'hetmann Platoff avait souvent dit qu'il amènerait vif l'empereur Napoléon à Saint-Pétersbourg. Il avait en effet promis 400 mille roubles au Cosaque qui le prendrait.

champ de bataille qui avait coûté cher à l'ennemi, et reconnut dans la plaine de belles lignes d'infanterie et des masses considérables de cavalerie, qui ne donnaient pas lieu de croire que les Russes voulussent céder le passage.

Après s'être arrêté assez long-temps au bivouac du vice-roi et à celui du prince d'Eckmuhl, il revint coucher pour la seconde fois à la poste de Ghorodinia.

Le lendemain 26, le temps s'annonçait encore plus favorablement que les jours précédents, quand l'Empereur monta à cheval pour se rendre de nouveau sur les hauteurs de Malojaroslawetz, et s'y assurer que les démonstrations de la veille étaient véritablement sérieuses.

L'armée russe (dont on ne saurait apprécier exactement la force), restée en position à l'extrémité opposée de la plaine sur laquelle nos troupes avaient bivouaqué, était sous les armes, et montrait de nombreux escadrons de cavalerie.

Dès lors l'intention de l'ennemi ne parut plus douteuse; son infanterie était appuyée sur des bois de haute futaie, au-delà desquels on découvrait un pays boisé et accidenté.

L'Empereur, après avoir parcouru le front de notre ligne et s'être arrêté sur différents points, après avoir examiné les positions avec une attention qui semblait captiver toute sa pensée, rentra au bivouac de Ghorodinia et dicta lentement l'ordre du mouvement rétrograde (1).

Ce n'était pas sans de profondes ré-

(1) Je ne hasarderai aucune observation sur les motifs qui ont déterminé l'Empereur; toutefois je dirai qu'il est fâcheux que l'on ait alors ignoré qu'une route très-praticable conduisait de Malojaroslawetz à Smolensk, et de plus que les Russes faisaient leur retraite par Kalouga et Toula sans avoir l'intention de défendre le passage ni de l'une ni de l'autre de ces directions.

flexions qu'il se déterminait à abandonner un pays neuf et fertile pour reprendre une route tracée par l'incendie et jalonnée par la mort. Ce n'était pas surtout sans avoir pesé les conséquences de ce mouvement que l'Empereur reportait son armée, après dix jours de marche, à douze lieues de Moscou (sur Véréia).

Cette contre-marche commença à troubler le moral du soldat, l'inquiétude fit des progrès d'autant plus rapides, que le ciel, à partir de ce moment, cessa de nous être propice : une pluie fine et froide avait commencé le 26 dans l'après midi, et rendait les chemins si difficiles que les chevaux tombaient exténués de fatigue et que déjà quelques hommes restaient en arrière.

Ce terrible spectacle et surtout l'avenir qu'il présageait, irritait et devait irriter l'Empereur ; dans une telle occurrence il ne connaît plus de ménagements : les Russes ont voulu l'incendie, c'est lui qui l'ordonne à son tour. Les châteaux, les villages, les moindres cabanes deviennent la proie des flammes.

Pendant la marche du 27, l'Empereur avait reçu du duc de Trévise une dépêche par laquelle il lui annonçait son départ de Moscou et qu'après cinq détonations la demeure des Kzars avait été renversée; il l'informait en même temps que le général wurtembergeois Wintzingerode avait été pris dans un des faubourgs de Moscou.

En effet, le 21 octobre, ce général, dans la persuasion que l'armée française avait fait sa retraite depuis le 19, s'étant porté avec un parti de Cosaques devant une des portes de Moscou, y avait mis pied à terre et s'était aventuré seul jusqu'à la Dwerkoë, rue à peu près intacte. La sentinelle du poste français l'ayant aperçu, crie : Qui vive? — Français, répond le général.

L'officier du poste sort, reconnaît l'uniforme russe, arrive près du général et lui dit : « Vous n'êtes pas Français ? » — Non, monsieur, je suis général » russe ; je viens vous sommer de vous » rendre ; vous n'avez qu'une poignée » d'hommes et votre salut vous y en- » gage. » — « Pardonnez-moi, général. » Si vous avez à faire des propositions » de ce genre, il faut vous adresser à » monsieur le maréchal. » — « Quelle » plaisanterie ! répond le général, il n'y » a pas de maréchal ici. — Général, » je ne plaisante pas, et je vous engage » à me suivre. »

Cette apostrophe, énergiquement articulée, ne comportait pas d'observations. Le général Wintzingerode marcha donc vers le Kremlin, et, chemin faisant, rencontra des postes bien gardés qui donnèrent lieu à quelques réflexions sérieuses, et tardives, surtout lorsque parvenu jusque dans les cours du

Kremlin il y trouva deux belles divisions de la jeune garde.

Le général Wintzingerode chercha à persuader au maréchal Mortier, qu'il se présentait comme parlementaire, bien que son équipage ne fût guère conforme aux usages de la guerre. Le maréchal, qui ne pouvait admettre cette proposition, lui déclara qu'il le regardait comme son prisonnier.

Monsieur Wintzingerode, homme de fort bonnes manières, prit son parti comme il convenait, et demanda au maréchal la permission de faire dire aux avant-postes ce qu'il était devenu; il l'obtint, et le prince de Nariskin, son aide-de-camp, vint aussitôt se constituer prisonnier près de son général.

Ces détails parvenus à l'Empereur au moment où il avait sous les yeux les premiers désastres de la retraite, étaient d'autant plus propres à exciter son indignation, et disons même sa colère, que non-seulement le général Wintzingerode avait partout combattu contre lui, mais qu'il avait été un des artisans les plus actifs de la coalition de 1809 et de la guerre de 1812 ; que de plus, cet officier général étant Wurtembergeois, il aurait dû se soumettre au décret relatif aux sujets de la confédération du Rhin, décret qui enjoignait à tous (sous peine de mort) de ne point rester au service des puissances en guerre avec la France.

C'est dans ces dispositions d'esprit que, le 27 à midi, l'Empereur traversait Véréia pour se porter à la rencontre du maréchal Mortier dont l'avant-garde n'était qu'à quelques centaines de toises de la ville. A peine l'Empereur a-t-il aperçu le général Wintzingerode :

« C'est vous, monsieur, qui avez été
» pris dans Moscou ?...... Vous êtes ce
» Wintzingerode ?.... C'est vous et une
» cinquantaine de gueux vendus à l'An-
» gleterre qui incendiez l'Europe...

» Je ne sais à quoi il tient que je ne
» vous fasse fusiller : vous avez été pris
» comme espion. — Vous êtes Wurtem-
» bergeois, vous connaissez mon dé-
» cret?... Vous êtes mon ennemi per-
» sonnel : partout vous avez porté les
» armes contre moi, en Autriche, en
» Prusse, en Russie. — Vous allez
» passer à une commission militaire. »

Le général Wintzingerode, inclinant la tête, répondit avec la fermeté d'un homme que l'emportement n'intimide pas : « Vous êtes le plus fort, vous êtes
» le maître. »

L'Empereur se tournant vers le prince Nariskin, lui dit d'un ton affectueux :

« Et vous, monsieur de Nariskin, qui
» appartenez à une famille justement
» honorée, comment êtes-vous l'aide-de-
» camp d'un homme comme celui-là?...
» c'est un scélérat qui me fait horreur :
» il a incendié Moscou. Dans six mois
» je brûlerai Saint-Pétersbourg.

» Général Durosnel, faites conduire
» cet homme par les gendarmes (mon-
» trant le général Wintzingerode) : il
» est prisonnier d'état.

» Quant à vous, monsieur de Naris-
» kin, vous êtes prisonnier de guerre. »

Chacun était resté muet pendant cette scène, osant à peine se regarder.

On rentra dans Véréia; la nuit porta conseil; il ne fut plus question de commission militaire. M. le duc de Vicence fit donner au général Wintzingerode un des chevaux des écuries de l'Empereur, et M. le maréchal Duroc le convia à la table des grands officiers; tandis que M. de Nariskin était, de son côté, l'objet de soins particuliers chez le prince de Neuchâtel. Néanmoins la présence de ces étrangers, témoins de nos désastres, importunait l'Empereur, qui les fit partir de Ghiat pour Smolensk; à peine avaient ils quitté le quartier-général qu'un parti de Cosaques les délivra.

Revenons au 27 : l'armée continue son mouvement sur Mojaïsk encore encombré des blessés du 7 septembre ; l'Empereur s'arrête sous les murs de la ville et fait brûler en sa présence 80 caissons d'artillerie.

Le 29 on entre dans Ghiat, où l'on trouve encore un grand nombre de blessés : partout des blessés, toujours des blessés !

L'administration est dans l'impuissance de leur porter aucun secours; elle est dépourvue de toute espèce de moyens de transport; on a recours aux voitures que quelques officiers ont conservées; mais elles sont insuffisantes. Le découragement a déjà pénétré dans plus d'un cœur, et chaque jour diminue nos faibles ressources.

Le 31 nous revoyons Viazma; la terre est couverte de neige; un vent glacial, un froid âpre et pénétrant énerve les plus forts et abat les plus faibles. Tous es vœux aspirent à Smolensk : Smolensk dont on est encore séparé par huit mortelles journées !

Sur ces entrefaites, l'arrière-garde ayant éprouvé des pertes considérables, passa successivement du commandement du prince d'Eckmuhl sous celui du vice-roi, et définitivement sous celui du maréchal Ney jusqu'au delà du Niémen.

Le 2 novembre, l'Empereur qui, depuis le départ de Moscou, c'est-à-dire depuis quinze jours, n'avait reçu aucune nouvelle de France, trouva à Semlevo cinq à six estafettes, qui lui apprirent la tentative déjouée de Malet, Guidal, etc. Le bruit de cet événement se répandit sourdement et jeta d'abord dans une profonde consternation ; mais à laquelle, il faut le dire, succéda peu à peu une sorte d'incrédulité qui fut poussée au point de supposer que cette soi-disant conspiration n'était qu'une fable imaginée pour donner à l'Empereur un prétexte plausible d'abandonner l'armée à une époque où ses souffrances devenaient de jour en jour plus insupportables (1).

La discipline était perdue, la plupart des soldats abandonnaient leurs rangs, et l'ennemi devenait de plus en plus audacieux. Dans cette situation, l'Empereur abusé sur l'état de ses troupes, et plus encore sur leur esprit que sur leur nombre, veut attendre et combattre. Il ordonne au général Durosnel d'arrêter et de rallier, avec quelques gendarmes d'élite, tous les militaires isolés. Cet ordre, exécuté à grande peine, ne procure en réalité qu'une masse inerte et désarmée, bien plus embarrassante qu'u-

(1) Je ne laisse subsister cette supposition offensante que parce que je ne veux rien altérer des impressions que plusieurs d'entre nous ont éprouvées, et surtout parce que la suite de ce récit fera connaître avec quelle énergie l'Empereur a sû tenir tête aux événements les plus désastreux.

tile. C'est alors que le maréchal Ney se présente chez l'Empereur ; il blâme hautement et rectifie les rapports inexacts de certains chefs, et fait entendre ces paroles sévères : « Vous voulez com-
» battre et vous n'avez plus d'armée !... »

Le duc d'Elchingen pouvait seul révéler aussi nettement cette cruelle vérité : à sa voix, l'Empereur renonce au projet de prendre l'offensive, et se dirige, le 5, sur Doroghobouj, après deux jours perdus au château de Scarkowo.

Nous n'étions plus alors qu'à 15 lieues de Smolensk, où l'intention de l'Empereur était d'arriver en deux jours; mais l'encombrement des ponts, celui d'un long défilé, les difficultés d'un terrain montueux, et par-dessus tout le verglas qu'un givre glacial entretenait et augmentait, ne permirent d'y arriver que le quatrième jour, c'est-à-dire le 9 novembre, un peu avant la nuit. Le froid était devenu excessif; les hommes et les chevaux tombaient privés de nourriture; la route était jalonnée par des caissons ou par des voitures brûlées ou abandonnées; le découragement était à son comble. Cependant l'infanterie de la garde résistait encore et marchait en bon ordre autour de la voiture dans laquelle l'Empereur voyageait avec le roi de Naples. Ce fut dans ce trajet, l'un des plus désastreux de la retraite, que le postillon de la voiture de l'Empereur s'étant cassé la cuisse, on vit le général Caulaincourt, duc de Vicence, grand écuyer, prendre sa place pendant le reste de la journée.

L'Empereur était d'autant plus pressé d'arriver à Smolensk, qu'il avait l'espoir d'y recevoir des nouvelles du général Baraguay-d'Hilliers, dont la position était devenue fort critique. En effet, cet officier-général, qui avait reçu l'ordre de former une division de toutes les fractions de corps d'infanterie et de cavalerie réunies à Smolensk, et de se porter sur Kalouga en passant par Elnia, s'était trouvé, par suite du mouvement rétrograde du 26, livré à ses propres forces dans un pays inconnu et en présence d'un ennemi enhardi par le succès de Malojaroslawetz. Ce fut précisément aux portes de Smolensk qu'un officier du général Baraguay-d'Hilliers vint annoncer à l'Empereur que son général attaqué par des forces considérables opérait sa retraite sur Smolensk, et que son arrière-garde, forte de 12 à 1500 hommes et de 500 chevaux, commandée par le général Augereau, avait mis bas les armes, à Liakhowo. Cet événement se répandit avec la rapidité d'une mauvaise nouvelle. Toutefois, sans en rechercher les causes, qu'il soit permis de dire que l'Empereur a usé d'une cruelle sévérité envers le général Baraguay-d'Hilliers, colonel-général des dragons, dont la longue et glorieuse carrière a été brisée par le désespoir (1).

Ne taisons pas, au milieu des désordres dont nous avons été témoins, les traits d'une héroïque valeur : *hourra!* ce cri devenu la terreur des hommes désarmés qui se pressaient en foule, commençait à ébranler les rangs des plus braves ; c'est alors que le maréchal Ney, soutenant avec intrépidité la retraite, jugea qu'il fallait réprimer l'insultante audace de l'ennemi, et retremper le moral de la troupe. Il ordonne une halte au moment où des milliers de Cosaques le harcelaient de toutes parts, puis s'adressant à un capitaine de grenadiers :

« Capitaine, choisissez 60 hommes et
» allez mettre le feu au village que vous

---

(1) Un ordre du jour de l'armée avait ordonné une enquête sur la conduite du général Baraguay-d'Hilliers, et lui avait prescrit de se rendre en France et d'y garder les arrêts.

» apercevez à 500 toises dans la plaine
» (le lui indiquant du doigt). Ensuite
» vous appuierez à gauche en passant
» par cet autre village plus rapproché
» de la route ; vous le brûlerez, et vous
» nous rejoindrez. »

— « Oui, monsieur le maréchal. »

— « Vous allez être harcelé par 7 à 800
» Cosaques ; ne vous en inquiétez pas,
» ils n'oseront pas vous entamer ; ne
» tirez qu'à coup sûr. »

— « Oui, monsieur le maréchal. »

Le capitaine marche sur le village avec sa petite troupe et tient en respect les Cosaques ; dix fois ils font mine de le charger, et dix fois le calme imperturbable de cette poignée d'hommes les arrête. Déjà le premier village est en flammes, et bientôt après le second ; les ordres du maréchal s'exécutent avec un admirable sang-froid ; pas un coup de fusil n'a été tiré. C'est alors que les Russes, dans leur rage impuissante, font mettre pied à terre à la moitié de leur monde et vont combattre corps à corps. Cet instant aurait pu devenir décisif, si le maréchal, jugeant que la lutte était par trop inégale, n'eût déployé un demi-bataillon dont la vue seule arrêta les Cosaques.

Le capitaine revint paisiblement prendre rang dans la colonne, sans avoir éprouvé la perte d'un seul homme.

L'Empereur prolongea son séjour jusqu'au 14 dans Smolensk, pour y attendre des nouvelles des corps d'armée détachés, et y réunir les débris de son armée expéditionnaire (1).

Le maréchal Davoust, le maréchal Ney et enfin le vice-roi, y arrivèrent successivement. La présence de ce prince quoique inattendue fut douce à l'Empereur. En effet le vice-roi avait

---

(1) C'est ainsi que l'Empereur avait désigné l'armée qui marcha sur Moscou.

ordre de se diriger de Doroghobouj sur Witebsk, afin de lier son mouvement à celui des 2e et 9e corps (ainsi qu'on le verra bientôt); mais arrivé à Sloboda il se trouva dans l'impossibilité de jeter un pont sur le Wop qui charriait de nombreux glaçons, et dans la nécessité de franchir cette rivière à travers ses eaux glacées; ce passage périlleux devint faal à une grande partie de son monde. Cependant malgré la perte de son artillerie, malgré le découragement de son armée, il marcha sur la petite ville de Doukhovehtchina, en chassa les Russes qui l'occupaient en force, et y prit un jour de repos. Dans cette situation pour ainsi dire désespérée, isolé au milieu des terres, fatigué par des bivouacs meurtriers, marchant depuis trois jours dans des marais impraticables, le vice-roi avait conservé toute sa chevaleresque énergie, et il n'hésita pas sur le choix de l'unique et périllouse ressource qui lui restait : il se dirigea vaillamment sur Smolensk, où il avait l'espoir de pouvoir encore rejoindre l'Empereur (1).

Pendant notre station à Smolensk, on fit des distributions de vivres, on donna des vêtements aux militaires les plus nécessiteux; mais ces secours tardifs étaient devenus impuissants.

Ce n'était plus Smolensk, c'était Minsk, c'était Wilna, que voulait atteindre cette foule incertaine, éparse dans la plaine, marchant au hasard, sans réflexion et sans calcul.

En vain avait-on mis à l'ordre du jour que les officiers recevraient deux mois de solde; l'or n'était qu'un fardeau que la plupart refusèrent de recevoir (2).

(1) Dans cette audacieuse entreprise le vice-roi passa sur le corps des Russes, qui lui opposèrent, cependant, des forces bien supérieures aux siennes.

(2) La perte journalière des chevaux des équipages du trésor rendait impérieuse cette mesure qui n'eut aucun effet.

Le 11, le colonel Chataux, aide-decamp du duc de Bellune, remet à l'Empereur des dépêches du 9ᵉ corps qu'il a quitté à Loukoulm. Ce corps organisé à Kœnigsberg avait été dirigé sur Smolensk, vers le mois de septembre, et d'après de nouveaux ordres il avait dû, en s'éloignant de cette place, manœuvrer sur Tschéréia, et combiner son mouvement avec le 2ᵉ corps, de manière à attaquer simultanément Wittgenstein ; c'est sur l'exécution de cet ordre que l'Empereur fondait les plus justes espérances; mais la fortune ne lui souriait plus ; et, malheureusement le colonel Chataux venait lui annoncer que par suite de diverses circonstances dont je ne veux pas rechercher la cause, ses intentions n'avaient point été remplies.

Dans une situation si contraire au projet d'opérer sa retraite par Witebsk, l'Empereur, après une longue conférence, remit au colonel Chataux des ordres itératifs et conserva encore l'espoir que, par une manœuvre prompte et habile, on saurait contraindre Wittgenstein à accepter le combat et à repasser la Dwina.

Le 14, à 9 heures du matin, l'Empereur, après avoir ordonné les dispositions de la retraite, quitte Smolensk pour aller coucher au bivouac de Khoronitnia.

Le vice-roi (4ᵉ corps) devra suivre à quelques heures de distance le mouvement de l'Empereur.

Le prince d'Eckmuhl mettra aux ordres du duc d'Elchingen la division Ricard, et partira de Smolensk le 15, à la pointe du jour.

Le maréchal Ney ne quittera la ville que le 17, après en avoir fait sauter les murailles.

Le 15, l'Empereur, après avoir passé le défilé, entre dans Krasnoï, où il rejoint le général Sébastiani. Cet officier-général était arrivé la veille à

Krasnoï avec la cavalerie démontée dont il avait pris le commandement; mais à peine cette petite troupe, composée d'officiers et de quelques soldats qui n'avaient conservé qu'une partie de leurs armes, était-elle établie, que le village est investi de toutes parts, et si vivement attaqué que le général Sébastiani, dépourvu de moyens de défense, n'eut d'autre ressource que de se réfugier dans une église, de s'y barricader, de faire bonne contenance et d'attendre! Cette situation critique dura vingt-quatre heures, et offre assurément l'exemple d'un des traits les plus héroïques de la retraite.

L'aspect de l'armée est devenu désespérant : ce ne sont plus des soldats. Le froid a rendu tout vêtement convenable. Le cuirassier a conservé son casque, mais il a jeté sa cuirasse pour se couvrir d'une pelisse de satin. Un autre a placé sa cuirasse par-dessus un vêtement de femme; mais il a quitté son casque pour couvrir sa tête d'un capuchon. Le fantassin et le cavalier se confondent; tous se sont affublés des plus bizarres costumes, et la souffrance et la misère sont empreintes sur leurs traits : aucun d'eux n'est armé et n'a pas surtout la volonté de se défendre.

Le défilé de Krasnoï est une embuscade que la nature semble avoir formée pour arrêter une armée. Il est coupé par un ravin profond dont les bords escarpés et glacés n'offrent d'autre passage qu'un pont étroit qui débouche sur une route rapide et encaissée, que le verglas a rendu plus difficile encore. Les caissons, les voitures, se heurtent, s'embarrassent et demeurent immobiles.

C'est durant cette nuit de souffrances que l'ennemi enleva 1,294,000 fr. des caisses du trésor, et que trois caissons des équipages de l'Empereur furent pillés par les Russes,

Enfin le jour a paru, et l'on parvient à dégager le défilé en brûlant, comme à Viasma, à Ghiat et à Smolensk, un bon nombre de caissons d'artillerie.

A midi le vice-roi est encore attendu, et cependant il a dû quitter Smolensk peu d'heures après l'Empereur. Un retard si prolongé excite des inquiétudes d'autant plus vives que l'ennemi a montré des forces considérables, et que le 4e corps, épuisé par tant de fatigues, compte à peine 12 à 1,500 hommes.

Le reste de la journée s'écoule dans une pénible anxiété. Deux fois l'Empereur s'est porté de l'autre côté du ravin et deux fois il est revenu sans avoir obtenu la moindre nouvelle. Enfin, à 5 heures, on annonce le vice-roi; depuis son départ de Smolensk, le 4e corps avait été constamment harcelé par l'ennemi, et avait, pendant les cinq dernières heures, soutenu les attaques incessantes de 12 à 14,000 hommes secondés par une artillerie nombreuse et bien servie.

(C'est dans cette marche que le jeune Villeblanche, auditeur au conseil d'état, étant resté par affection auprès du vice-roi, a été frappé mortellement au moment où il allait secourir un officier blessé.)

Le maréchal Davoust, parti le 15 de Smolensk, n'avait point encore paru; mais ce retard que dans tout autre moment la difficulté des chemins aurait seule expliquée, était avec bien plus de raison attribué aux obstacles que le vice-roi lui-même avait eu à surmonter. Dans cette perplexité, l'Empereur, voulant prévenir les désordres de la veille et tout ensemble protéger la marche du 1er corps, fait établir des batteries qui commandent le défilé. D'un autre côté, les rapports des avant-postes l'ayant informé que les Russes occupaient en force le village de Koutkowo, dans la direction d'Orcha, il ordonne, dans le dessein de faire diversion, une attaque de nuit dont la conduite est confiée au brave général Roguet, qui commande une division de la jeune garde.

Il est minuit; l'intensité du froid est telle, que les Russes se sont blottis dans les maisons du village. Cependant rien ne saurait ralentir l'impatience de nos soldats : le mouvement s'exécute en silence, l'obscurité favorise leur marche; les Russes sont surpris dans leur premier sommeil et les nôtres en font un horrible carnage. Le succès de cette téméraire entreprise eut pour effet de jeter l'épouvante parmi les ennemis et de ne plus leur permettre de douter que l'Empereur ne commandât en personne.

Le 17, à la pointe du jour, on observa un grand mouvement du côté des Russes dans la direction de Smolensk, et l'on vit distinctement des pièces d'artillerie montées sur des traîneaux, parcourant rapidement la plaine pour se porter sur les points les plus rapprochés de notre ligne. Ces démonstrations devenaient d'autant plus inquiétantes, qu'elles avaient pour effet d'intercepter le passage et de s'opposer à la jonction du 1er corps.

C'est alors que l'Empereur, grand et héroïque comme à Eylau, se plaçant à la tête de la vieille garde, se fraya un passage au travers de l'ennemi pour se porter au-devant du maréchal Davoust, dont il ne put joindre l'avant-garde qu'à deux lieues en deçà de Krasnoï. La marche du 1er corps avait été depuis Smolensk un combat non interrompu contre des forces plus considérables encore que celles auxquelles, la veille, le vice-roi avait eu affaire.

La gravité des circonstances ne laissait plus aucun doute dans l'esprit de Napoléon sur la périlleuse situation dans laquelle le maréchal Ney se trouvait engagé. Dans cette douloureuse préoccupation, l'Empereur prescrit au prince d'Eckmuhl de tenir le défilé pendant 24 heures, temps qu'il a jugé indispensable au duc d'Elchingen pour parcourir les dix lieues qui le séparent de Krasnoï.

La privation absolue de vivres, les souffrances inouïes du bivouac auxquelles officiers et soldats sont soumis, la fatigue des marches sur un sol glacé, tout, en un mot, concourt et doit concourir à la soudaine désorganisation des troupes ; cependant quelques officiers ont conservé leurs chevaux, et chacun, faisant abstraction de grade, sent la nécessité de se réunir pour veiller au salut commun. C'est dans cette pensée que fut organisé à Krasnoï, sous la dénomination d'*escadron sacré*, un corps uniquement composé d'officiers de cavalerie de tout grade, dont l'Empereur confia le commandement à M. le général de Grouchy.

Le 17, l'Empereur alla coucher à Liadouï; le lendemain à Dombrowna, et le 19 à Orcha, où il fut rejoint par un aide-de-camp du maréchal Oudinot, et quelques heures après par le capitaine Konopka, que le duc de Bassano avait expédié de Wilna.

Il apprit à la fois que l'effectif des 2ᵉ et 6ᵉ corps était réduit à 7,000 hommes; que le duc de Bellune n'avait point quitté sa position de Tchéréia; que ses ordres d'attaques étaient restés sans exécution; et que les mouvements de Wittgenstein, qui menaçait Wilna, y excitaient les plus vives inquiétueds. Enfin, et comme si tant de déceptions n'étaient pas sufsantes pour ébranler son grand courage, on vint lui annoncer que le prince d'Eckmuhl avait quitté Krasnoï sans avoir attendu le maréchal Ney.

Toutefois le capitaine Konopka, officier intelligent et de résolution, qui était parvenu, à la faveur d'un déguisement, à traverser le pays occupé par les Russes, avait tout observé et se trouvait en mesure de fournir à l'Empereur des renseignements précis sur les forces et les positions de l'ennemi.

Désormais Napoléon n'a plus d'autres soucis que de veiller à la sûreté de la marche de notre nombreuse et misérable colonne. Les manœuvres les plus savamment combinées, les plans les plus sagement conçus, ont échoué devant une fatalité déplorable! ordre est donné au duc de Reggio de marcher sur Bobr et de s'emparer de Borizow; et au duc de Bellune, de flanquer la route et de contenir Wittgenstein.

Pendant que ces soins préoccupent l'Empereur, le passage du Dniéper s'effectue à Orcha dans la plus grande confusion; les ponts sont étroits, leur accès est difficile, et la glace n'offre pas assez de solidité pour porter ceux qui s'exposent à traverser le fleuve. Cependant le thermomètre marquait 15 degrés; mais à Orcha le Dniéper est beaucoup plus large qu'à Smolensk et surtout d'une extrême rapidité.

Depuis un mois l'armée était en marche; ses souffrances avaient été rudes; ses pertes avaient été immenses, et cependant l'avenir était encore plus menaçant : d'un côté la Sibérie, de l'autre un désert de 120 lieues entre nous et le Niémen. C'est alors qu'il a fallu des âmes bien trempées pour ne pas se laisser abattre (1). Déjà le soldat murmurait autour des feux de bivouac qu'il parvenait à allumer, et était sur le point d'en interdire l'accès, même à ses officiers (2).

(1) Expression de l'Empereur, Bulletin 29e.
(2) Dans la marche de Tolotzina à Bobr, nous eûmes à traverser un bois de sapins où quelques militaires isolés avaient allumé des feux. L'Empereur, que le froid avait forcé de mettre pied à terre, ayant témoigné l'envie de s'y réchauffer, le duc de Vicence, après s'être approché de l'un d'eux pour y obtenir place, jugea, aux propos qui

L'Empereur, ne pouvant plus se dissimuler que la sédition est tout près d'éclater, se présente devant le front de sa vieille garde et lui parle en ces termes :

» Vous avez sous les yeux le tableau
» hideux du désordre d'une armée sans
» discipline; quelques-uns d'entre vous
» abandonnent leurs rangs. Je pourrais,
» par un ordre du jour, faire fusiller le
» premier qui s'en écartera..... Je ne
» veux pas vous déshonorer par un or-
» dre semblable..... ma garde doit
» compter sur moi, comme je crois
» pouvoir compter sur elle..... sur elle,
» pour l'accomplissement des hautes
» destinées auxquelles elle est appelée. »

Au même instant, et devant le front de la garde, l'Empereur fait brûler ses

s'y tenaient, plus prudent que l'Empereur ne s'arrêtât pas!!... Nous continuâmes donc la route en suivant l'Empereur qui, ce jour-là, appela plusieurs fois le colonel Flahaut pour causer avec lui.

tentes, ses caissons et ses voitures ; puis, après avoir donné le premier cet exemple, un ordre du jour en appela à l'honneur des officiers et des soldats du sacrifice de tous les équipages (1). Le mouvement fut spontané et bientôt on ne vit de tous côtés que des monceaux de voitures en flammes ; et, disons-le, en dépit de ces sinistres présages et des maux que l'on souffrait, une gaieté sans pitié reprenait parfois son essor, pour ne voir que le côté cruellement plaisant de ces auto-da-fé.

L'Empereur, après avoir vainement attendu des nouvelles du maréchal Ney, ne s'éloigna d'Orcha qu'à midi pour aller coucher au soi-disant château de Baranouï ; et pourtant l'espérance de revoir le maréchal était si intime dans tous les cœurs, qu'aucun obstacle ne

(1) Un assez grand nombre de militaires s'était procuré de petites voitures, fort mal attelées, qui encombraient les routes : les militaires isolés étaient surnommés les *fricoteurs*.

paraissait supérieur à son courage. Ainsi, à chaque heure, à chaque instant, on espérait, on désirait, on attendait son retour ; la sympathie de l'armée était si générale, que, dans ces jours de calamité, où l'égoïsme réglait la plupart des actions, on ne s'abordait pas sans se demander : « A-t-on des nouvelles du » maréchal Ney ? »

Tandis que ces sombres inquiétudes agitaient les esprits, le maréchal exécutait les ordres de l'Empereur : les murailles de Smolensk étaient détruites, et son mouvement de retraite avait commencé dans la nuit du 16 au 17, ayant en tête la division d'avant-garde du général Ricard, qui avait ordre d'aller bivouaquer au delà de Khoronitinia.

Le lendemain 18, le 3ᵉ corps, rallié à la division Ricard, avait été assailli pendant toute la journée par des myriades de Cosaques, et, vers le soir, l'avantgarde se trouva arrêtée au ravin de

Krasnoï, au delà duquel on découvrait des lignes prolongées d'infanterie et une artillerie formidable qui commença un feu vif et soutenu. Déjà le maréchal a rejoint la tête de sa colonne ; il a calculé les chances probables d'un mouvement audacieux, et supputé les conséquences funestes de la moindre hésitation. Aussitôt, ordre est donné au 48e régiment de franchir le défilé, de gravir en colonne serrée cette route encaissée jusqu'à la hauteur du flanc de l'ennemi; et là, changeant brusquement de direction, de charger vivement les Russes à la baïonnette. Les ordres du maréchal sont exécutés avec une admirable fermeté ; mais à peine le 48e a-t-il démasqué son mouvement, qu'il est accueilli par une grêle de mitraille ; cependant rien n'arrête ces soldats harassés de fatigue, exténués de besoin, engourdis par le froid. Ils s'élancent avec impétuosité sur les batteries russes et deux fois ils leur font lâcher pied.

Mais ces généreux efforts ont été impuissants : il a fallu céder au nombre. Le 48ᵉ régiment est détruit ; 650 hommes ont pris part au combat, et 100 seulement repassent le ravin ; ils ramènent avec eux leur colonel qui, frappé par trois biscaïens, n'a pas abandonné ses valeureux soldats (1).

C'est bien en ce moment que se vérifiait cette parole de l'Empereur : « Il n'y » a rien à espérer ; Ney est abandonné » en enfant perdu. »

Déjà la nuit est venue ; le maréchal ordonne les dispositions d'un bivouac étendu : les feux s'allument lentement et tout doit faire supposer à l'ennemi que le lendemain il tentera le passage de vive force.

Son plan est arrêté ; il a pris une de ces résolutions hardies qui sont le pro-

---

(1) Le 48ᵉ régiment était commandé par le colonel Pelet, aujourd'hui lieutenant-général, directeur du dépôt de la guerre.

pre des grandes âmes. Il semble que le péril de la situation rehausse son courage : il va mettre le Dniéper entre lui et les Russes; il va confier sa fortune à la fragilité des glaces.

Sur ces entrefaites, un colonel russe se présente comme parlementaire et vient proposer les conditions d'une capitulation. L'indignation du maréchal éclate à la pensée d'une telle humiliation : il déclare à cet officier qu'il le retient comme prisonnier et qu'il ait à le guider sur le point le plus rapproché du Dniéper. Aussitôt l'ordre de lever le camp est donné : le maréchal abandonne artillerie, caissons, bagages; l'obscurité favorise sa téméraire entreprise. Le passage du fleuve s'opère homme par homme avec toute la prudence que commande le salut de ces vaillants soldats. Tout paraît en sûreté, quand soudain une nuée de Cosaques vient se heurter contre cette intrépide et infatigable troupe. Rien désormais ne peut ébranler sa constance : compacte, inséparable, elle marche durant trois jours sans s'éloigner des bords sinueux du Borysthène, résistant aux attaques incessantes des Cosaques de Platoff et disputant chaque soir le sol glacé sur lequel elle va reposer.

Le 20, le maréchal, ayant atteint la hauteur de Doubrowna, conçoit l'espérance d'y rejoindre l'armée; mais cet espoir est trompé : déjà les Russes en sont maîtres.

Il poursuit sa marche, et vers midi il est en vue d'Orcha, dont il n'est séparé que par une vaste plaine; mais cette plaine est occupée par l'ennemi. Les forces du maréchal ne lui permettent pas de hasarder les chances d'un combat. Toutefois il veille à la sûreté des siens et fait établir les bivouacs dans un bois épais qui couronne la plaine et longe le Borysthène; puis il envoie successivement plusieurs officiers pour s'assurer que nos troupes occupent encore Orcha. L'un d'eux est parvenu à dépasser les lignes russes et arrive jusqu'au vice-roi auquel il fait connaître la position du 3e corps. Sur-le-champ et par un mouvement spontané, le prince et le maréchal Mortier se portent à l'envi l'un de l'autre à la rencontre du duc d'Elchingen, qu'ils ramènent avec eux.

La nouvelle de ce retour miraculeux passe de bouche en bouche, circule dans tous les rangs et y produit une de ces joies soudaines qui font oublier le présent. L'Empereur, qui s'est refusé d'abord à ajouter foi à ces premiers récits, s'écrie, quand l'officier d'ordonnance Gourgaud vient les lui confirmer :

« *J'aurais donné les* 200 *millions qui*
» *sont dans les caves des Tuileries pour*
» *qu'il me fût rendu.* »

Depuis la pointe du jour, l'arrière-garde, commandée par le général Gérard, du 1er corps, couvrait Orcha du côté du Dniéper, observant un ennemi enhardi par la retraite du prince d'Eckmuhl, par la situation désespérée du maréchal Ney, et plus encore par une supériorité numérique hors de toute proportion. Déjà notre droite était débordée, des murmures circulaient dans nos rangs et la sédition devenait imminente, quand tout à coup un misérable grenadier du 12ᵉ de ligne, jetant son arme loin de lui, pérore ses camarades et parle de se rendre..... Le général Gérard, prompt comme la foudre, s'élance le pistolet au poing, et par la mort d'un seul assure la gloire et le salut de tous. Alors, et par un de ces effets magiques, cette troupe, naguère découragée et incertaine, fait retentir les airs des cris de « *Vive l'Empereur!* »

Le quartier-général continue son mouvement par Kokanow, Tolotchin et Bobr, où l'Empereur arrive le 23 à midi.

Le maréchal Victor protège la retraite

et marche à notre hauteur, harcelé sans répit par Wittgenstein.

Le 24 l'Empereur quitte Bobr, à neuf heures du matin, pour aller coucher à Lochnitsa, et pendant la journée il apprend que le maréchal Oudinot a surpris et battu l'avant-garde de Tchitchagoff (ce général a succédé à Kutuzoff dans le commandement de l'armée de Valachie, et s'est porté sur Minsk, après la paix d'Orient), et que les Russes, dans leur effroi, ont brûlé le seul pont qui pût favoriser la retraite par Minsk; il apprend en même temps que la brigade Corbineau, partie de Gloubokoë, a, par une marche aussi heureuse qu'habilement conçue, passé entre Tchitchagoff et Wittgenstein en traversant la Bérézina à un gué assez facile au-dessus de Borizow, et que cette brigade est ralliée au 2e corps. L'Empereur, voulant obtenir les détails les plus circonstanciés sur la marche du général Corbineau, or donne à cet officier-général de se rendre sur-le-champ auprès de sa personne.

Le 25, on se met en marche à neuf heures du matin, et à cinq heures du soir l'Empereur entre dans Borizow, où le maréchal Oudinot l'avait devancé. Le 2e corps était encore assez nombreux (5,000 hommes), et sa bonne tenue contrastait singulièrement avec celle de notre misérable bande. L'Empereur se porte vers le pont qui avait été détruit; il examine la position, entre dans une salle basse, fait déployer ses cartes, et prend la résolution d'opérer le passage à 4 lieues au-dessus de Borizow, point indiqué par le général Corbineau. Le même jour il va coucher dans le château de Borizow-Staroï, où il arrive à onze heures du soir.

Pendant la nuit les ordres de mouvements sont expédiés à tous les corps d'armée.

Le maréchal Oudinot se rendra à Stuzianca, point désigné pour le passage, où il devra arriver de bonne heure, et jettera deux ponts sur la Bérézina.

Le duc de Bellune reprendra la grande route à Natscha et suivra le mouvement par Borizow, en contenant Wittgenstein.

Le 26, à midi, l'Empereur monte à cheval et va rejoindre le maréchal Oudinot. Les ponts n'étaient point encore commencés, et la foule indisciplinée qui se pressait devenait d'un dangereux exemple. En effet, le 2ᵉ corps était pour ainsi dire perdu dans cette affluence immense, au point que le maréchal Oudinot n'eut d'autre moyen de rallier son monde que de refouler au loin la multitude.

Cependant la garde arrive, et successivement les 4ᵉ et 8ᵉ corps chargés de l'escorte des gros bagages ; l'encombrement va toujours croissant. Le froid est excessif ; les hommes et les chevaux tombent à chaque pas, et la troupe qui a conservé ses rangs est condamnée à rester immobile en colonne jusqu'à ce que les ponts soient établis !

Toutefois, l'ennemi ne fait aucune démonstration ; la marche de l'Empereur a prévenu Tchitchagoff. On aperçoit seulement quelques tirailleurs russes isolés sur l'autre rive.

Impatient d'obtenir des renseignements sur la position de l'ennemi, il ordonne de faire des prisonniers. Aussitôt, et sans regarder derrière lui, le chef d'escadron Jacqueminot, qui a entendu les paroles de l'Empereur, s'élance avec son cheval dans la Bérézina, la traverse, s'empare d'un des tirailleurs, le pose en croupe et l'amène tranquillement à l'Empereur. Les renseignements qu'on obtient de ce prisonnier s'accordent avec ceux qui ont été donnés par les prisonniers de la veille et fortifient dans la croyance que Tchitchagoff occupe toujours la grande route de Minsk avec des forces considérables.

Le général Éblé, qui commande l'équipage de pont, parvient à réunir 15 à 20 pontonniers ; il fait arracher des poutrelles et quelques voliges des masures du village. Bientôt les chevalets sont ajustés, et l'on voit ces hommes de résolution et d'obéissance, auxquels on n'a pas même une goutte d'eau-de-vie à donner, se plonger nus jusqu'à la ceinture dans les eaux glaciales de la Bérézina.

Enfin les ponts sont établis, mais le fond de la rivière est vaseux ; mais les chevalets sont vacillants, et déjà par trois fois les ponts se sont rompus. Néanmoins le 2ᵉ corps a effectué son passage avec son artillerie et observe la direction de la route de Minsk.

La foule impatiente encombre les abords des ponts : vainement les aides-de-camp de l'Empereur, vainement le prince de Neuchâtel, le roi de Naples et le vice-roi cherchent à établir l'ordre ; la présence de l'Empereur est elle-même impuissante. Rien ne saurait donner l'idée du mouvement de cette multitude effarée; chacun croit trouver son salut sur l'autre rive de la Bérézina!

Le duc de Bellune a exécuté les ordres de l'Empereur; il arrive le 27, à midi, à Stuzianka. Son corps d'armée, fort à Smolensk de 28,000 hommes, est réduit à 13,000 sans avoir réellement combattu. Il a laissé derrière lui à Borizow la division Partonaux forte de 5,000 hommes et de 500 chevaux. Il annonce qu'il est suivi par des forces supérieures.

A 2 heures le piquet de service passe les ponts, et l'Empereur va coucher au petit village de Zaniski, à quelques cents toises du point de passage.

Pendant la nuit du 27 au 28 le passage s'effectue dans la plus affreuse confusion; le désordre est au comble. Des milliers de voitures sont entassées à l'entrée et à la sortie des ponts; la force l'emporte sur le droit, le plus faible est renversé et foulé aux pieds. Soudain (9 heures du matin), la canonnade la plus vive s'étend de la gauche à la droite, et décrit les trois quarts d'un cercle au centre duquel l'Empereur est placé ; dès les premiers coups il demande son cheval et se porte vers le 2e corps, et envoie au duc de Reggio le chef d'escadron Alfred de Noailles, l'un des aides-de-camp du prince major-général ; il ne devait plus revenir !

Emporté par son ardeur, il cherche le maréchal, se mêle aux tirailleurs et tombe frappé au front par une balle. Cette perte jeta le deuil et la consternation parmi nous. Alfred se faisait remarquer par une religieuse exactitude à tous ses devoirs ; il joignait à l'aménité et à la distinction de ses manières les qualités les plus attachantes et les avantages d'un noble extérieur.

Déjà Wittgenstein foudroie les ponts,

sur lesquels cent obus viennent éclater; il veut se rendre maître du passage. L'air retentit des cris et des gémissements des femmes et des enfants. Dans leur effroi, les uns se précipitent dans le fleuve et cherchent à le passer à la nage, les autres tentent de le guéer; et tous, épuisés par de vains efforts, viennent s'engloutir dans les marais impraticables de la Bérézina.

L'infanterie de la garde est sous les armes. Elle attend, calme et silencieuse, l'ordre d'attaquer.

Le maréchal Victor oppose une résistance énergique au choc impétueux de Wittgenstein. Sa belle conduite arrache à l'Empereur cette exclamation : « Voilà » une des belles journées de Victor. »

Le maréchal Oudinot tient tête à Tchitchagoff, qu'il s'efforce de refouler sur la route de Minsk. Il se bat comme à Friedland et tombe grièvement blessé. Le général Maison prend le commandement, qu'il remet quelques instants après au maréchal Ney.

L'Empereur se porte sur différents points de notre ligne pour observer les mouvements de l'ennemi, et bientôt il ne doute plus que la division Partounaux n'ait été coupée du 9ᵉ corps; en effet, un officier du duc de Bellune vient lui annoncer que cette division a mis bas les armes.

Ce moment a été solennel.

Désormais on n'a plus de secours à espérer que de son courage. Officiers et soldats se battent avec l'acharnement du désespoir. On oublie les souffrances du passé, on voudrait saisir l'avenir; il faut arriver : c'est la pensée fixe de l'armée.

Les forces de Wittgenstein, successivement augmentées par celles de Steingell et des corps détachés de la grande armée, menacent d'écraser le duc de Bellune, dont le corps est décimé par la mitraille : jamais position n'a été plus périlleuse : ses munitions sont sur le point d'être épuisées, ses soldats sont privés de nourriture, ils sont harassés, exténués par un combat de huit heures ; cependant ils résistent et tiennent encore l'ennemi en respect.

L'Empereur envoie au duc de Bellune l'ordre d'abandonner ses positions et de passer la Bérézina à 3 heures du matin, après avoir brûlé les innombrables voitures qui couvrent le rivage. Cet ordre s'exécute sans toutefois qu'il ait été possible de détruire les voitures restées sur la rive gauche. Le maréchal entre chez le major-général à 2 heures et demie du matin : le 9e corps n'existait plus. Il se présente ensuite chez l'Empereur qui, oubliant les services de la veille, lui reproche de nouveau et avec dureté de ne pas avoir attaqué Wittgenstein à Tschéréia.

Le 29, à 6 heures du matin, l'Empereur monte en voiture et va coucher à Kamen, où il arrive à 6 heures du soir.

De Zaniski à Molodetschno, on marche constamment dans un défilé étroit, soit entre des lacs, soit à travers des forêts impénétrables; deux pièces de canon auraient arrêté et foudroyé toute l'armée!!!

C'est à quelques lieues de Zaniski, dans le village de Plechtcnitsoui, que le maréchal Oudinot et le général Pino, étant blessés tous deux, furent assaillis par 250 à 300 Cosaques réguliers dans une maison en bois où ils s'étaient établis avec 25 hommes, y compris leurs aides-de-camp. Là, un officier de Cosaques les somme en très-bon français de se rendre; on lui répond qu'un maréchal de l'Empire ne se rend pas. Alors les Cosaques, s'étant mis en devoir d'escalader le mur de clôture d'une espèce de cour, contraignent nos braves à se retrancher dans leur chétif abri.

Le maréchal Oudinot (grièvement blessé à l'aine) est étendu sur un grabat, pouvant à peine faire un mouvement ; cependant il demande ses pistolets, et veut prendre part à l'action. Il arrache brin à brin la mousse ou le chaume qui joint les interstices des bois arrondis et superposés qui forment les parois de la cabane, et ajuste d'une main ferme les Cosaques qui tentent vainement d'ébranler ce misérable refuge. Indignés de l'impuissance de leurs efforts, voyant tomber les leurs, ajustés pour ainsi dire à bout portant, ils braquent sur cette cabane une pièce de trois. En ce moment le maréchal, blessé de nouveau par un éclat de bois, voit à son grand étonnement sortir des décombres d'un four que le boulet vient de démolir, une demi-douzaine de petits Russes.

C'est alors que le général Pino, le

bras en écharpe, se met à la tête de son monde et repousse les Cosaques assez loin pour rallier à sa petite troupe quelques hommes isolés qui fort heureusement ne tardèrent pas à être rejoints par l'avant-garde de l'Empereur.

Cet épisode est encore un de ceux où l'énergie du chef a triomphé du nombre.

Depuis le passage de la Bérézina, il n'y a plus de sécurité que dans le carré de la garde au centre duquel la voiture de l'Empereur est placée; le roi de Naples seul est à ses côtés. Le duc de Vicence, grand-écuyer, marche constamment à pied à la portière. Le maréchal Duroc, le comte Daru, les généraux aides-de-camp, et le prince major-général lui-même, suivent cette voiture, se pressent les uns contre les autres pour s'abriter d'un vent pénétrant et glacial. La marche est lente et silencieuse; les soldats se traînent avec peine; leurs traits hâves et décharnés attestent leurs souffrances;

l'énergie seule soutient ces cœurs dévoués : ils tombaient, ils mouraient, mais ne s'arrêtaient pas.

Chaque soir la garde établit ses bivouacs autour de la cahute où repose l'Empereur, et chaque soir on compte les pertes de la journée. Les feux s'allument lentement et faute d'aliment s'éteignent souvent avant le jour. Alors cette fidèle garde, silencieuse et résignée, attend sans proférer une plainte, et le jour ne paraît que pour révéler à son tour les pertes cruelles de ces nuits meurtrières.

La température n'est plus supportable ; le bivouac est mortel. La lassitude, l'épuisement, la rigueur du froid engourdissent les sens. Celui qui se laisse aller à son accablement, celui qui ne sait pas résister au sommeil, celui qui s'arrête un instant ne se relève plus.

Le 5 décembre, l'Empereur, cédant aux vives instances de ses plus fidèles serviteurs, se résout à quitter l'armée pour revenir en France, où tant de circonstances pressantes le rappellent; mais, avant de s'éloigner, il assemble les maréchaux et les généraux en chef, auxquels il retrace dans une longue et vive allocution les événements qui ont précédé et accompagné la campagne, et termine par ces mémorables paroles : « *Chacun de nous a fait des fautes ; la mienne est d'être resté trop long-temps dans Moskou. Il n'y a* (montrant le vice-roi) *qu'Eugène qui se soit conduit comme un vieux capitaine.* »

Rien n'est changé à l'ordre du service : le roi de Naples commande l'armée et prend le titre de lieutenant de l'Empereur; le prince de Neuchâtel, major-général; le comte Daru, ministre d'État, et l'intendant-général, restent auprès du roi.

Les choses étant ainsi ordonnées, l'Empereur quitte Smorgoni à 11 heures du soir, par 25 degrés de froid, accompagné du duc de Vicence, du duc de Frioul, du comte Lobau, et passe miraculeusement, à Ochmiana, à travers les Cosaques.

La journée du lendemain s'écoula dans un morne silence; le départ de l'Empereur avait jeté le découragement et la consternation dans tous les cœurs; il semblait que l'armée eût perdu sa dernière espérance; il n'y avait plus de chef, et chacun calculait isolément ses chances de salut.

Le bivouac d'Ochmiana, où l'on arriva le 6 à 5 heures du soir, fut encore plus funeste que ceux des jours précédents. La division Gratien, forte de 12,000 hommes, avait quitté Wilna le 4, pour se porter à notre rencontre; arrivée à Ochmiana, elle était réduite à 6,000 hommes, et de ces 6,000 pas un n'a survécu; tous ont péri dans la nuit du 6 au 7.

Cependant ce qui se passait alors sous

nos yeux n'était que le prélude de scènes plus horribles encore dont nous devions être témoins : en effet, les pertes les plus subites et les plus nombreuses ont eu lieu entre Wilna et Kowno, ce qui s'explique, à l'égard des troupes fraiches que nous avons trouvées dans Wilna, par la brusque transition de la vie de caserne à la vie de bivouac, c'est-à-dire de 18 degrés de chaleur à 30 degrés de froid.

Le 8, le quartier-général entre dans Wilna, rien ne peut donner l'idée de la confusion qui y règne. Les boutiques sont ouvertes; mais déjà elles sont encombrées, les cafés, les magasins de comestibles sont envahis, quoi qu'on ait fait pour les faire protéger par une garde... Tout est bouleversé, tout est désordre; et sincèrement il ne pouvait en être autrement : Wilna était la première ville hospitalière que nous rencontrions, et chacun y arrivait affamé et dépourvu de toute espèce de ressource.

En vain cherche-t-on à rallier les hommes isolés, en vain leur assigne-t-on des couvents pour point de réunion. Les uns entrent dans les logements qu'ils ont occupés au premier passage dans Wilna ; les autres implorent la commisération des habitants qui leur accordent un asile. La fatigue abat les uns, les souffrances découragent les autres ; c'est une masse inerte que le bien-être du moment aveugle sur le péril qui la menace.

Le général de Wrède entre, le 9, vers midi, chez le major-général ; il a quitté momentanément son corps d'armée pour demander du renfort. Il annonce au prince qu'il est poursuivi l'épée dans les reins ; que l'entrée du faubourg sera incessamment forcée, et qu'une partie du trésor vient d'être enlevée. En cet instant le maréchal Ney, qui s'entretenait avec le prince, s'élance et va lui-même donner des ordres ; mais l'effroi a banni le respect, et cette voix puissante ne parle plus qu'à des cœurs abattus.

Le major-général a réuni les officiers de son état-major; il les exhorte avec autorité; il cherche à rehausser leur moral et leur rappelle qu'ils doivent servir d'exemple à l'armée; mais les uns ont les pieds ou les mains gelés, les autres sont harassés, et c'est le plus petit nombre qui a conservé une force d'âme proportionnée aux obstacles que nous aurons à surmonter.

Le 9, à six heures du soir, le roi de Naples et le prince couchent dans le faubourg de Kowno.

Pendant la nuit le passage des troupes et des militaires isolés est continuel, et le 10, à 5 heures du matin, c'est-à-dire 3 heures avant le jour, on se met de nouveau en route pour se rendre à Ève, laissant à Wilna, par suite d'un oubli inconcevable, trois des quatre régiments lithuaniens organisés par le général Hogendorp, dont un seul dut son salut à l'intelligence de son chef.

Le 10, le froid était plus vif encore que les jours précédents, et la neige avait été tellement foulée, que la côte rapide que l'on devait gravir à la sortie de Wilna, n'offrait qu'une couche de glace sur laquelle les chevaux perdaient pied, et où les caissons et les voitures dont le nombre grossissait d'instant en instant, ne formèrent bientôt qu'un assemblage inextricable et immobile. C'est là que les derniers caissons du trésor sont restés. Néanmoins on ne doit pas omettre de citer un trait qui honore d'autant plus son auteur, que le sentiment de sa propre conservation prédominait en ce moment sur tous les autres : un officier étranger, Badois ou Wurtembergeois, plaça sur son traîneau des caisses du trésor qui renfermaient 400,000 fr. en or, et vint fidèlement les déposer chez le payeur de l'armée à Kœnigsberg, le 24 décembre.

Le 10 on bivouaqua sur les hauteurs d'Ève, et le 11 on vint coucher dans Kowno, où le roi de Naples passa la journée du 12, afin de laisser aux débris de notre armée le temps de traverser le Niémen pour se diriger de là sur Wilkowiski et Gumbinen.

Pendant son séjour à Kowno, le Roi assembla un conseil de guerre, qui, d'une voix unanime, déféra au duc d'Elchingen le soin de soutenir la retraite en arrêtant les Russes aussi long-temps que possible devant Kowno. Le maréchal Ney n'accepta cependant cette périlleuse responsabilité que sous la condition expresse que le général Gérard la partagerait avec lui.

Le 13, le roi de Naples et le major-général quittèrent Kowno pour se rendre à Gumbinen, tandis que le maréchal Ney et le général Gérard, étant parvenus à réunir quelques hommes isolés, se retranchèrent derrière les palissades, où ils défendirent les abords du pont, et parvinrent, en faisant eux-mêmes le coup de fusil, à retarder pendant plusieurs heures la marche des Russes.

Le 15, on arriva à Gumbinen ; quelques mois auparavant l'Empereur y avait passé la revue de sa belle et valeureuse armée ; aujourd'hui les rangs étaient déserts ; on se compta :..... 2,000 hommes étaient sous les armes, encore étaient-ils de la garde (1).

---

(1) Il n'est point ici question des troupes qui ont passé sur d'autres points. A cet égard, le chiffre posé par le baron Fain ne manque pas d'exactitude.

TABLEAU

DE LA COMPOSITION ET DE LA FORCE DES CORPS

DE LA GRANDE ARMÉE

RELEVÉ SUR L'ÉTAT DE SITUATION AU 1er JUIN 1812(1).

SA MAJESTÉ

L'EMPEREUR ET ROI

COMMANDANT EN PERSONNE.

S. A. S.

LE PRINCE DE WAGRAM ET DE NEUCHATEL,

VICE-CONNÉTABLE DE L'EMPIRE, COLONEL-GÉNÉRAL DES SUISSES,

MAJOR-GÉNÉRAL,

expédiant les ordres de l'Empereur.

(1) Cet état a été remis par moi au dépôt de la guerre.

MAISON DE L'EMPEREUR.

—

Duroc (duc de Frioul), général de division, grand maréchal du palais.

Caulaincourt (duc de Vicence), général de division, grand écuyer.

Turenne (comte de), chambellan, maître de la garde-robe.

Ségur (Philippe comte de), maréchal-des-logis du palais.

Canouville (Ernest baron de), maréchal-des-logis du palais.

Saluces (baron de), écuyer.

Lambertye de Gerbevillers (baron de), écuyer.

d'Hericy (p.   ), écuyer.

Baillon, capitaine-fourrier-des-logis.

Émery, capitaine-fourrier-des-logis.

Devienne, page.

Dumanoir, page.

CABINET.

FAIN (baron), secrétaire ordinaire.

MENNEVAL (baron), secrétaire ordinaire.

MOUNIER (baron), maître des requêtes, secrétaire.

DEPONTHON, colonel du génie, secrétaire.

LELORGNE, secrétaire-interprète.

VOUZOWITCH, lieutenant aux lanciers de la garde, interprète.

BACLER D'ALBE (baron), adjudant-commandant, directeur du cabinet topographique.

LAMEAU, capitaine-ingénieur-géographe.

DUVIVIER, capitaine-ingénieur-géographe.

AIDES-DE-CAMP.

Généraux de division.	Aides-de-camp.
RAPP (comte)............	Waldener. Zurlheim.
LAURISTON (comte).........	Longuerne.
LE BRUN (duc Ch. de Plaisance).	Lebrun. Briqueville.
MOUTON (comte de Lobau)..	Perrin. Castellane.
DUROSNEL (comte)........	Savignac. Labretonière. Dampierre.
NARBONNE (Louis comte de)..	Ruelle. Chabot (F. de).
HOGENDORP (comte).	
KOSAKOWSKI (comte).	
SANGKOWKO (prince).	
PAC (comte de).	

OFFICIERS D'ORDONNANCE.

Capitaines.

Gourgaud.
Montesquiou (Anatole baron de).
Moreton de Chabrillan (comte de).
Mortemart (baron de).
Montmorency (baron de).
Montaigu (comte de).
Athalin.
Hautpoul (d').
Christin (chevalier).
Teintegnies (Clément de).
Galz Malvirade (de).
Lauriston (baron de).
Dessaix (baron).
Caraman (Victor de).
Arenberg (Pierre d').

SERVICE DE SANTÉ.

Ivan (baron), médecin ordinaire.
Ribes, chirurgien.
Jouan, chirurgien-adjoint.
Lherminier, médecin.
Métivier, médecin.

ÉTAT-MAJOR PARTICULIER

DE

S. A. S. le Prince, major-général.

Aides-de-camp de S. A. S.

GIRARDIN (comte Alexandre), général de brigade. Passé au commandement de la cavalerie du 1er corps, le 15 août.

LEJEUNE (baron), colonel du génie.

FLAHAULT (baron de), colonel.

PERNET (baron), chef d'escadron.

ASTORG (d'), id.

BONGARS, id.

FESENZAC (baron de), id.

NOAILLES (baron de), capitaine.

LECOUTEULX (baron), id.

MONTESQUIOU (baron Anatole), id.

Cabinet de S. A. S.

DUFRESNE (baron), inspecteur aux revues, le personnel des corps.

DENNIÉE, fils, inspecteur aux revues, le personnel des états-majors et les rapports administratifs avec l'intendant général.

LE DUC, commissaire-ordonnateur, secrétaire intime de S. A. S.

SALAMON, capitaine-adjoint, le mouvement des troupes.

GUILLABERT, commissaire des guerres, administration.

LATRAN, adjoint au commissaire des guerres, mouvement.

SION, ingénieur-géographe.

RÉCAPITULATION
DE L'EFFECTIF DE LA GRANDE ARMÉE,
AU 1er JUIN 1812,

Relevée sur la situation existante au dépôt de la guerre.

DÉSIGNATION DES CORPS D'ARMÉE	DES NATIONS.	NOMBRE D'HOMMES.					TOTAL PAR CORPS D'ARMÉE.	
		OFFICIERS D'ÉTAT-MAJOR	OFFICIERS DE TROUPE.		S.-OFFICIERS ET SOLDATS.			
			Français.	Étrangers.	Français.	Étrangers.	TOTAL.	Hommes.	Chevaux.
État-Major général Gendarmerie.	Français.	249	45	"	1,086	"	1,380	1,380	"
Corps d'armée. Prince Eckmühl.	Français.	199	1,544	"	58,553	"	60,296	66,719	9,641
	Badois.	"	"	38	"	1,602	1,640		
	Espagnols.	"	"	41	"	2,170	2,211		
	Mecklembourgeois.	"	"	18	"	400	418		
	Hessois.	"	"	30	"	1,455	1,485		
	Polonais.	"	"	34	"	635	669		
Corps d'armée. de Reggio.	Français.	129	931	"	33,412	"	34,472	44,661	7,574
	Portugais.	"	"	37	"	1,655	1,692		
	Croates.	"	"	41	"	1,726	1,767		
	Suisses.	"	"	263	"	6,467	6,730		
Corps d'armée. d'Elchingen.	Français.	139	603	"	22,454	"	23,196	42,908	8,039
	Portugais.	"	"	92	"	2,905	2,997		
	Illyriens.	"	"	62	"	2,817	2,879		
	Wurtembergeois.	"	"	353	"	13,483	13,836		
6e Corps d'armée aux ordres du Prince Eugène.	Français.	203	1,148	"	38,159	"	39,510	77,033	15,107
	Croates.	"	"	45	"	1,559	1,604		
	Espagnols.	"	"	36	"	1,148	1,184		
	Dalmates.	"	"	65	"	1,927	1,992		
	Italiens.	"	"	617	"	19,146	19,763		
	Bavarois.	"	"	312	"	12,368	12,680		
7e et 8e Corps d'armée aux ordres du Roi de Westphalie (1)	Polonais.	225	"	908	"	39,120	40,253	78,687	18,626
	Saxons.	"	"	466	"	18,868	19,334		
	Westphaliens.	"	"	545	"	18,255	18,800		
Corps d'armée. de Bellune.	Français.	40	634	"	28,375	"	29,049	49,479	3,752
	Bergois.	"	"	158	"	4,232	4,390		
	Badois.	"	"	101	"	4,780	4,881		
	Hessois.	"	"	89	"	3,582	3,671		
	Polonais.	"	"	212	"	7,276	7,488		
A reporter....		1,184	4,905	4,563	182,039	168,176	360,867	360,867	62,789

(1) 5e Poniatowski (Prince), — 7e Reynier (Comte), — 8e D'Abrantès (Duc).

— 184 —

DÉSIGNATION		NOMBRE D'HOMMES.						TOTAL	
DES CORPS D'ARMÉE.	DES NATIONS.	OFFICIERS D'ÉTAT-MAJOR	OFFICIERS DE TROUPE.		S.-OFFICIERS ET SOLDATS.		TOTAL.	PAR CORPS D'ARMÉE.	
			Français.	Étrangers.	Français.	Étrangers.		Hommes.	Chevaux
Report....		1,184	4,905	4,563	182,039	168,176	360,867	360,867	62,76
10ᵉ Corps d'armée. Duc de Tarente.	Français.	72	»	»	»	»	72	51,507	6,3
	Prussiens.	»	»	1,015	»	33,926	34,941		
	Polonais.	»	»	259	»	9,349	9,608		
	Saxons.	»	»	22	»	847	869		
	Bavarois.	»	»	50	»	1,655	1,705		
	Westphaliens.	»	»	87	»	3,441	3,528		
	Wurtembergeois.	»	»	20	»	764	784		
11ᵉ Corps d'armée. Duc de Castiglione.	Français.	60	1,111	»	47,669	»	48,840	62,946	2,4
	Westphaliens.	»	»	47	»	1,697	1,744		
	Hessois.	»	»	43	»	1,613	1,656		
	Saxons.	»	»	77	»	2,642	2,719		
	Napolitains.	»	»	258	»	7,729	7,987		
Réserves de cavalerie. Roi de Naples.	Français.	197	1,015	»	26,061	»	27,273	44,451	45,8
	Prussiens.	»	»	56	»	1,354	1,410		
	Wurtembergeois.	»	»	22	»	568	590		
	Bavarois.	»	»	42	»	1,019	1,061		
	Saxons.	»	»	94	»	2,109	2,203		
	Polonais.	»	»	323	»	8,492	8,815		
	Westphaliens.	»	»	155	»	2,944	3,099		
Garde Impériale. Ducs d'Istrie et de Trévise.	Français.	73	1,129	»	40,972	»	42,174	50,716	16,6
	Polonais.	»	»	169	»	8,373	8,542		
Grand parc d'artillerie, du génie, etc.	Français.	137	367	»	18,657	»	19,161	20,248	11,0
	Polonais.	»	»	26	»	756	782		
	Saxons.	»	»	7	»	228	235		
	Bavarois.	»	»	1	»	69	70		
Troupes dans les places.	Français.	96	12	»	252	»	360	7,732	29
	Polonais.	»	»	40	»	1,777	1,817		
	Saxons.	»	»	42	»	1,576	1,618		
	Westphaliens.	»	»	18	»	897	915		
	Wurtembergeois.	»	»	34	»	1,361	1,395		
	Mecklembourgeois.	»	»	45	»	1,582	1627		
32ᵉ Division militaire.	Français.	22	36	»	992	»	1,050	1,050	
Division Danoise.	Danois.	»	»	236	»	9,615	9,851	9,851	1,9
A reporter.........		1,841	8,575	7,751	316,442	275,559	609,368	609,368	147,3

DÉSIGNATION		NOMBRE D'HOMMES.					TOTAL PAR CORPS D'ARMÉE.	
DES CORPS D'ARMÉE.	DES NATIONS.	OFFICIERS D'ÉTAT-MAJOR.	OFFICIERS DE TROUPE.		S.-OFFICIERS ET SOLDATS.		TOTAL.	
			Français.	Étrangers.	Français.	Étrangers.		Hommes.	Chevaux.
	Report......	1,841	8,575	7,751	116,442	275,559	609,368	609,368	147,324
Division princière — Général Gouvion-Saint-Cyr.	Anhaltois.	"	"	45	"	1,616	1,661	7,304	345
	Schwartzbourgeois.	"	"	35	"	1,315	1,350		
	Francfortais.	"	"	42	"	1,645	1,687		
	Wurtzbourgeois.	"	"	73	"	2,533	2,606		
Troupes en marche.	Français.	"	549	"	24,565	"	25,114	27,107	11,452
	Polonais.	"	"	17	"	1,095	1,112		
	Westphaliens	"	"	18	"	938	956		
	Portugais.	"	"	7	"	218	225		
Dépôt général de cavalerie. Général Bourcier.	Français.	10	67	"	3,664	"	3,741	3,741	1,317
Troupes qui ne font partie d'aucun corps	Portugais.	"	"	10	"	250	260	260	270
	Total........	1,851	9,191	7,998	344,871	284,169	648,080	648,080	160,708

RÉSUMÉ.

Français.
- Officiers. 11,042
- Sous-officiers et soldats. . . . . 344,871 } 355,913

Étrangers.
- Officiers. 7,998
- Sous-officiers et soldats. . . . . 284,169 } 322,167
- Plus l'armée autrichienne évaluée à 30,000
sous le commandement du prince Schawrtzemberg.

Total général. . . . 678,080

N. B. Cette situation présente l'effectif des troupes cantonnées en Allemagne à l'époque du 1ᵉʳ juin, et dont une partie seulement a pris part à la campagne.

ÉTAT NOMINATIF

DES GÉNÉRAUX ET COLONELS TUÉS OU BLESSÉS

PENDANT LES JOURNÉES DES 5 ET 7 SEPTEMBRE 1812.

(Déposé aux Archives du dépôt de la guerre.)

NOMS.	GRADES.	OBSERVA-TIONS.	DÉSIGNATION		
			DES CORPS D'ARMÉE.	DES DIVISIONS	DES RÉGIMENT
Montbrun.	Général de division.	Tué.	2ᵉ Corps de réserve de cavalerie.	"	"
Caulaincourt	Id.	Tué.	Aide-de-camp de l'Empereur.	"	"
Chastel.	Id.	Tué.	3ᵉ Corps. Cavalerie.	"	"
Morand.	Id.	Blessé.	1ᵉʳ Corps.	1ʳᵉ Div.	"
Friant.	Id.	Blessé.	Id.	2ᵉ Div.	"
Dessaix.	Id.	Blessé.	Id.	"	"
Compans.	Id.	Blessé.	Id.	4ᵉ Div.	"
Scheler.	Id.	Blessé.	3ᵉ Corps.	25ᵉ Div.	"
Tharreau.	Id.	Blessé.	8ᵉ Corps.	"	"
Rapp.	Id.	Blessé.	Aide-de-camp de l'Empereur.	"	"
Belliard.	Id.	Blessé.	Chef d'état-major du Roi.	"	"
Nansoutty.	Id.	Blessé.	1ᵉʳ Corps de réserve de cavalerie.	"	"
St.-Germain.	Id.	Blessé.	1ᵉʳ Id.	"	"
Bruyère.	Id.	Blessé.	1ᵉʳ Id.	"	"
Pajol.	Id.	Blessé.	2ᵉ Id.	"	"
Defrance.	Id.	Blessé.	2ᵉ Id.	"	"
Grouchy.	Id.	Blessé.	3ᵉ Corps. Cavalerie.	"	"
Romeuf.	Général de brigade.	Tué.	Etat-major général.	"	"
Lanabert.	Id.	Tué.	1ᵉʳ Corps.	1ʳᵉ Div.	"
Marion.	Id.	Tué.	3ᵉ Corps.	10ᵉ Div.	"
Compère.	Id.	Tué.	3ᵉ Corps.	11ᵉ Div.	"
Huard.	Id.	Tué.	4ᵉ Corps.	"	"
Plauzonne.	Id.	Tué.	4ᵉ Corps.	"	"
Damas.	Id.	Tué.	8ᵉ Corps.	"	"
Bessières.	Id.	Tué.	1ᵉʳ Corps de réserve de cavalerie.	"	"
Gérard.	Id.	Tué.	3ᵉ Corps. Cavalerie.	"	"
Gratien.	Id.	Blessé.	1ᵉʳ Corps.	1ʳᵉ Div.	"
Bonnami.	Id.	Blessé.	1ᵉʳ Corps.	1ʳᵉ Div.	"
Boyer.	Id.	Blessé.	1ᵉʳ Corps.	1ʳᵉ Div.	"
Dupelin.	Id.	Blessé.	1ᵉʳ Corps.	4ᵉ Div.	"

— 187 —

NOMS.	GRADES.	OBSERVATIONS.	DÉSIGNATION DES CORPS D'ARMÉE.	DES DIVISIONS	DES RÉGIMENTS.
ste.	Général de brigade.	Blessé.	1er Corps.	4e Div.	»
engoult.	Id.	Blessé.	3e Corps.	10e Div.	»
ourier.	Id.	Blessé.	3e Corps.	Brigade 9e Comp. légère.	»
meras.	Id.	Blessé.	4e Corps.	»	»
yeldieu.	Id.	Blessé.	4e Corps.	»	»
yon.	Id.	Blessé.	4e Corps.	Cavalerie légère.	»
uilleminot.	Id.	Blessé.	5e Corps.	Etat-maj.	»
asinsky.	Id.	Blessé.	5e Corps.	Id.	»
rstell.	Id.	Blessé.	8e Corps.	»	»
enot.	Id.	Blessé.	1er Corps de réserve de cavalerie.	»	»
ussel.	Id.	Blessé.	1er Id.	»	»
berwie.	Id.	Blessé.	2e Id.	»	»
rthe.	Id.	Blessé.	2e Id.	»	»
ouard.	Id.	Blessé.	2e Id.	»	»
ommanget.	Id.	Blessé.	3e Corps. Cavalerie.	»	»
acroix.	Id.	Blessé.	Id.	Chef d'état-maj.	»
hery.	Id.	Blessé.	Id.	»	»
ordesoult.	Id.	Blessé.	1er Corps de cavalerie légère.	»	»
eppel.	Id.	Blessé.	4e Corps.	»	»
ariset.	Adjudant comm. col.	Blessé.	1er Corps.	Chef d'état-maj.	»
e Laagè.	Id.	Blessé.	3e Corps.	Id	12e de ligne
oulouse.	Colonel.	Tué.	1er Corps.	3e Div.	4e de ligne.
any.	Id.	Tué.	3e Corps.	11e Div.	Artillerie.
umay.	Id.	Tué.	4e Corps.	»	Id.
t-Vincent.	Dir. Id.	Tué.	Artillerie.	»	Id.
elgrin.	Id.	Tué.	Artillerie.	»	2e à chev.
esirat.	Id.	Tué.	2e Corps de réserve de cavalerie.	»	11e chass.
eda.	Id.	Tué.	2e Id.	»	1er Id.
edard.	Id.	Tué.	3e Corps de cavalerie	»	6e chasseurs
	Id.	Tué.	4e Corps de cavalerie	»	2e lanciers westphal.
	Id.	Tué.	4e Corps de cavalerie	»	Gardes du corps de Westphalie
Ponchelon.	Id.	Blessé.	1er Corps.	2e Div.	33e de ligne
eullé.	Id.	Blessé.	1er Corps.	3e Div.	21e de ligne

NOMS.	GRADES.	OBSERVA-TIONS.	DÉSIGNATION		
			DES CORPS D'ARMÉE.	DES DIVISIONS	DES RÉGIMENTS
Baudoin.	Directeur-colonel.	Blessé.	3ᵉ Corps.	11ᵉ Div.	93ᵉ de ligne
Bertrand.	Id.	Blessé.	4ᵉ Corps.	»	106ᵉ de lig.
Vautry.	Id.	Blessé.	4ᵉ Corps.	»	9ᵉ de ligne
Weissenhoff.	Id.	Blessé.	5ᵉ Corps.	Etat.maj.	»
Humbert.	Id.	Blessé.	8ᵉ Corps.	Chef d'é-	»
Fulgraff.	Id.	Blessé.	8ᵉ Corps.	tat-maj.	12ᵉ de lig.
Muller.	Colonel.	Blessé.	8ᵉ Corps.	»	Chev. légers Garde.
Hessberg.	Id.	Blessé.	8ᵉ Corps.	»	2ᵉ hussards
Bode.	Id.	Blessé.	Artillerie.	»	3ᵉ à pied
Murat.	Id.	Blessé.	1ᵉʳ Corps de réserve de cavalerie.	»	9ᵉ cuirass.
Christophe.	Id.	Blessé.	1ᵉʳ Id.	»	8ᵉ chasseu.
Grandjean.	Id.	Blessé.	2ᵉ Id.	»	8ᵉ cuirass.
Laroche.	Id.	Blessé.	2ᵉ Id.	»	1ᵉʳ carabin.
Blancard.	Id.	Blessé.	3ᵉ Id.	»	1ᵉʳ cuirass.
Clert.	Id.	Blessé.	2ᵉ Id.	»	4ᵉ chass. légers.
Christophe.	Id.	Blessé.	3ᵉ Corps. Cavalerie.	»	25ᵉ chas.
Sopranzy.	Id.	Blessé.	Id.	»	7ᵉ dragons
Laforce.	Id.	Blessé.	Id.	Etat-maj.	»
Briant.	Id.	Blessé.	Id.	»	23ᵉ dragon
Montmarie.	Id.	Blessé.	Id.	»	28ᵉ dragon
	Id.	Blessé.	4ᵉ Corps. Cavalerie.	»	Cuirass. de Zastrow.
	Id.	Blessé.	4ᵉ Corps. Cavalerie.	»	1ᵉʳ huss. Westphal.
Ste-Suzanne.	Id.	Blessé.	4ᵉ Corps. Cavalerie.	»	9ᵉ chasseu.

Récapitulation.

	TUÉS.	BLESSÉS.	TOTAL
Généraux de division.	3	14	17
Généraux de brigade.	9	23	32
Colonels.	10	27	37
Totaux	22	64	
		86	86

Pour extrait conforme aux états adressés à S. A. S. le prince major-géné. par les chefs d'état-major des corps d'armée. — Moscou, le 21 septembre 18..

L'Inspecteur aux revues,

DENNIÉE.

MARCHE DE L'EMPEREUR PENDANT LA CAMPAGNE DE 1812.

Avec indication des heures de départ et d'arrivée dans chaque gîte, depuis Paris jusqu'à Moscou, et de Moscou jusqu'à Smorgoni, le 5 décembre, jour où l'Empereur a quitté l'armée.

DÉPART.				ARRIVÉE.				OBSERVATIONS.
LIEUX.	DATES.	HEURES.		LIEUX.	DATES.	HEURES.		
Paris.	9 Mai.	4 h. matin		Châlons.	9 Mai.	4 h. soir.		
Châlons.	10 Id.	3 Id.		Metz.	10 Id.	9 Id.		
Metz.	11 Id.	2 Id.		Mayence.	11 Id.	8 Id.		
Mayence.	13 Id.	3 Id.		Wurtzbourg.	13 Id.	Minuit.		
Wurtzbourg.	14 Id.	9 Id.		Bareuth.	14 Id.	6 du soir.		
Bareuth.	15 Id.	8 Id.		Plauen.	15 Id.	2 matin.		
Plauen.	16 Id.	4 Id.		Dresde.	17 Id.	6 Id.		
Dresde.	29 Id.	3 1/2 Id.		Glogau.	30 Id.	6 Id.		
Glogau.	30 Id.	9 1/2 Id.		Posen.	31 Id.	11 du soir.		
Posen.	2 Juin.	3 1/2 Id.		Thorn.	2 Juin.	11 Id.		
Thorn.	6 Id.	4 du soir.		Dantzig.	7 Id.	11 Id.		
Dantzig.	11 Id.	5 Id.		Marienbourg.	11 Id.	11 Id.		
Marienbourg.	12 Id.	8 matin.		Konigsberg.	12 Id.	6 Id.		
Konisberg.	17 Id.	2 Id.		Insterburg.	17 Id.	7 Id.		
Insterburg.	18 Id.	3 du soir.		Gumbinnen.	18 Id.	10 Id.		
Gumbinnen.	21 Id.	5 Id.		Wilkowiski.	21 Id.	10 Id.		
Wilkowiski.	22 Id.	Midi.		Skranse.	22 Id.	Midi.		Campé sur les bords du Niémen.
Skranse.	23 Id.	4 matin.		Nangariski.	23 Id.	9 du soir.		
Nangariski.	23 Id.	. . . . . .		Kowno.	24 Id.	4 du soir.		
Kowno.	27 Id.	5 matin.		Obsianisky.	27 Id.	7 Id.		
Obsianiski.	28 Id.	1 Id.		Wilna.	28 Id.	1 apr. midi.		
Wilna.	16 juillet.	11 1/2 du s.		Swentzianoui.	17 juillet.	2 Id.		
Swentzianoui.	17 Id.	9 Id.		Ghloubokoë.	18 Id.	2 matin.		
Ghloubokoë.	22 Id.	9 Id.		Ouchatsch.	23 Id.	9 du soir.		
Ouchatsch.	23 Id.	2 apr. midi.		Kamen.	23 Id.	3 Id.		
Kamen.	24 Id.	Midi.		Bechenkowischi.	24 Id.	6 Id.		

— 190 —

DÉPART.			ARRIVÉE.			OBSERVATIONS.
LIEUX.	DATES.	HEURES.	LIEUX.	DATES.	HEURES.	
Bechenkovischi.	26 juillet.	6 du soir.	Vitebsk.	28 Id.	9 matin.	Bivouaqué en av. d'Ostrowno ; combat le 27 ; bivouaqué devant Vitebsk.
Vitebsk.	28 Id.	8 du soir.	.	.	.	
Agbopanovchtchina.	29 Id.	10 matin.	Vitebsk.	29 Id.	2 apr. midi.	Bivouaqué à Agbopanovectchina.
Vitebsk.	13 Août.	1 Id.	Siniaki.	14 Août.	2 Id.	Passé le Dnièper, arrivé au camp de Rasasna.
Rasasna.	14 Id.	7 Id.	Koronitnia.	15 Id.	Id.	
Siniaki.	15 Id.	10 Id.	.	.	.	
Koronitnia.	16 Id.	7 Id.	Smolensk.	18 Id.	4 Id.	Campé devant Smolensk, le 17.
Smolensk.	24 Id.	Minuit.	Dorogoboui.	25 Id.	2 apr. midi.	
Dorogoboni.	26 Id.	Id.	Jarkovo.	27 Id.	3 1/2 matin.	
Jarkovo.	27 Id.	Id.	Ronibki.	28 Id.	2 1/2 Id.	
Ronibki.	28 Id.	3 du soir.	Viasma.	29 Id.	3 du soir.	A 2 lieues de Viasma, le 28.
Viasma.	31 Id.	10 matin.	Velitschevo.	31 Id.	4 Id.	
Velitschevo.	1er Sept.	10 Id.	Gliat.	1er Sept.	2 Id.	
Ghiat.	4 Id.	Midi.	.	.	.	Campé à Gridnova le 4.
Gridnova.	5 Id.	9 matin.	Mojaïsk.	9 Id.	10 matin.	Campé à 3 lieues en arrière de Mojaïsk. Combat du 5. Enlèvement d'une redoute. Le 6, on reconnait la ligne. Bataille du 7. Campé le soir en arrière de la redoute. Le 8 campé sous Mojinsk.
Mojaïsk.	12 Id.	1 apr. midi.	Château de Tartaki.	12 Id.	7 du soir.	
Chât. de Pétroskoë.	13 Id.	Midi.	Bezovka.	13 Id.	2 Id.	
Bezovka.	14 Id.	8 matin.	Moscou.	14 Id.	2 Id.	
Moscou.	16 Id.	4 du soir.	Château de Petroskoë.	16 Id.	6 Id.	
Chât. de Pétroskoë.	18 Id.	Midi.	Moscou.	18 Id.	1 apr. midi.	
Moscou.	19 Octob.	9 matin.	Troïtskoë.	19 Octob.	4 du soir.	
Troïtskoë.	21 Id.	8 Id.	Jhnotiwo.	21 Id.	5 Id.	
Jhnotiwo.	22 Id.	8 Id.	Fominskoë.	22 Id.	11 matin.	
Fominskoë.	25 Id.	10 Id.	Borovsk.	23 Id.	1 apr. midi.	
Borovsk.	24 Id.	2 apr. midi.	Ghorodnia.	24 Id.	4 Id.	
Ghorodnia.	25 Id.	8 matin.	Ghorodnia.	25 Id.	5 Id.	Visité les avant-postes en avant de Malojaroslavetz.
Ghorodnia.	26 Id.	9 Id.	Borovsk.	26 Id.	4 Id.	

— 191 —

DÉPART.			ARRIVÉE.			OBSERVATIONS.
LIEUX.	DATES.	HEURES.	LIEUX.	DATES.	HEURES.	
Vereïa.	28 Oct.	6 id.	Au-delà de Mojaïsk.	28 Octob.	4 du soir.	
Mojaïsk.	29 Id.	6 id.	Ghiat.	29 Id.	6 Id.	
Ghiat.	30 Id.	2 du soir.	Veli schevo.	30 Id.	6 Id.	
Velitschevo.	31 Id.	8 matin.	Viazma.	31 Id.	4 Id.	
Viazma.	2 Nov.	Midi.	Semlevo.	2 Nov.	4 Id.	
Semlevo.	3 Id.	9 matin.	Scarkovo.	3 Id.	1 apr. midi.	
Scarkovo.	5 Id.	5 Id.	Dorogoboui.	5 Id.	11 matin.	
Dorogoboui.	6 Id.	9 Id.	Mickhalevka.	6 Id.	3 Midi.	
Mickhalevka.	7 Id.	7 Id.	Château près Slobpneva	7 Id.	1 apr. midi.	
Slobpueva.	8 Id.	8 Id.	Ghoredikino.	8 Id.	2 Id.	
Ghoredikino.	9 Id.	8 Id.	Smolensk.	9 Id.	2 Id.	
Smolensk.	14 Id.	8 Id.	Khoronitnia.	14 Id.	3 Id.	
Khoronitnia.	15 Id.	9 Id.	Krasnoï.	15 Id.	3 Id.	
Krasnoï.	17 Id.	9 Id.	Liadoui.	17 Id.	3 Id.	
Liadoni.	18 Id.	5 matin.	Doubrovna.	18 Id.	5 du soir.	
Doubrovna.	19 Id.	8 Id.	Orcha.	19 Id.	1 Id.	
Orcha.	20 Id.	Midi	Château de Baranoui.	20 Id.	3 Id.	Une lieue au-delà.
Chât. de Baranoui.	21 Id.	8 matin.	Khokanov.	21 Id.	4 Id.	
Khokanov.	22 Id.	8 Id.	Tolotschin.	22 Id.	Midi.	
Tolotschin.	23 Id.	8 Id.	Bobr.	23 Id.	Midi.	
Bobr.	24 Id.	9 Id.	Lochnitza.	24 Id.	6 du soir.	
Lochnitza.	25 Id.	8 Id.	Borisow.	25 Id.	5 Id.	
			Borisow Staroï.		11 Id.	Sur la Bérézina.
Borisow Staroï.	26 Id.	Midi.	Stuzianca.	26 Id.	1 Id.	Passe la Bérézina.
Stuzianca.	27 Id.	du soir.	Zaniski.	27 Id.	3 Id.	
Zaniski.	29 Id.	2 matin.	Kamen.	29 Id.	3 Id.	
Kamen.	30 Id.	6 Id.	Plechtchenitsoui.	30 Id.	6 Id.	
Plechtchenitsoui.	1er Déc.	9 Id.	Staikl.	1er Déc.	Midi.	
Staiki.	2 Id.	6 1/2 Id.	Selitschi.	2 Id.	2 apr. midi.	
Se itschi.	3 Id.	8 Id.	Molodetschno.	3 Id.	3 Id.	
Molodetschno.	4 Id.	9 Id.	Bienitsa.	4 Id.	7 Id.	
Bienitsa.	5 Id.	8 Id.	Smorghoni.	5 Id.	3 Id.	L'Empereur part à 11 heures du soir dans un traîneau.

Continuation de la marche du quartier-général, commandé par le roi de Naples.

DÉPART.				ARRIVÉE.				OBSERVATIONS.
LIEUX.	DATES.	HEURES.		LIEUX.	DATES.	HEURES.		
Smorghoni.	6 Déc.	8	matin.	Ochmiana.	6 Déc.	4	du soir.	
Ochmiana.	7 Id.	8	Id.	Miednicki.	7 Id.	3	Id.	
Miednicki.	8 Id.	8	du soir.	Wilna.	8 Id.	3	Id.	
Wilna.	9 Id.	6	du soir.	Faubourgs de Wilna.	9 Id.	6 1/2 Id.		
Faubourgs de Wilna	10 Id.	5	matin.	Évé.	10 Id.	3	Id.	Route de Kowno.
Évé.	11 Id.	8	Id.	Kowno.	11 Id.	11 1/2 Id.		
Kowno.	13 Id.	5	Id.	Skranse.	13 Id.	4	Id.	
Skranse.	14 Id.	8	Id.	Antonowy.	14 Id.	2	Id.	
Antonowy.	15 Id.	6	Id.	Wirbanen.	15 Id.	4	Id.	Passé par Wilkowiski avant d'arriver à Wirbanen.
Wirbanen.	17 Id.	4	Id.	Gumbinen.	17 Id.	4	Id.	
Gumbinen.	18 Id.	9	du soir.	Konisberg.	19 Id.	6	Id.	

LE PRINCE
DE NEUCHATEL ET DE WAGRAM.

La plupart des écrivains qui ont parlé du prince de Neuchâtel ont méconnu son caractère.

La vie du maréchal Berthier, prince de Neuchâtel et de Wagram, a été, pendant vingt années consécutives, une vie d'abnégation et de dévouement. Jamais il ne parlait qu'au nom de l'Empereur, et surtout ne permettait pas qu'on le remerciât personnellement des récompenses ou des faveurs qu'il faisait obtenir. Sa réponse habituelle était :

« *Monsieur, ce n'est pas moi, c'est* » *l'Empereur..... c'est l'Empereur qu'il* » *faut remercier.* »

Le nom du prince de Neuchâtel était profondément respecté dans l'armée.

— Il était doué d'un esprit droit et juste, d'une valeur calme et brillante, d'une activité infatigable et d'une rare facilité à tracer la configuration d'un terrain. Sa plus éminente qualité comme major-général était une exactitude ponctuelle et une obéissance passive, exempte de tout commentaire, aux ordres écrits de l'Empereur, et enfin une prévoyance si inquiète et si minutieuse lorsqu'il s'agissait de la transmission d'un ordre important, qu'on aurait pu regarder ses précautions comme excessives, si, dans plus d'une circonstance, elles n'avaient assuré le succès des opérations. Ainsi, au moment où l'Empereur manœuvrait sur Eylau (Pologne, 1807), le prince, vu l'importance des ordres, dépêcha successivement et par des directions différentes huit officiers d'état-major au maréchal Bernadotte. Un seul parvint à sa destination : c'était le dernier officier parti du grand quartier général ; les sept autres avaient été pris.

Il donnait, le premier, l'exemple d'un profond respect envers l'Empereur ; respect imposé d'ailleurs par Napoléon, qui avait su mettre une telle distance entre sa personne et ses généraux, que le prince de Neuchâtel, vice-connétable, major-général de l'armée, confident de ses plus secrets desseins, ne s'est jamais présenté devant lui que dans une tenue complète : habit agrafé, botté et éperonné, épée au côté; et cela la nuit comme le jour, au bivouac comme dans les palais. Une fois entre autres, c'était à Varsovie (le 8 janvier 1807), l'Empereur fit appeler le prince dix-sept fois dans la même nuit.

Le prince de Neuchâtel cachait un cœur affectueux sous une écorce qu'il s'efforçait de faire paraître rude : et, de même que l'Empereur, il s'accoutumait difficilement aux visages nouveaux ; mais en revanche sa bienveillante sollicitude n'a jamais cessé de protéger, dans le cours de leur carrière, les officiers qui avaient servi près de lui.

Appelé en 1796 aux fonctions de chef d'état-major de l'armée d'Italie, le général Berthier fut associé aux succès de cette mémorable campagne, et dès cette époque il se dévoua au général Bonaparte, dont il avait, en quelque sorte, deviné l'avenir glorieux.

Un jour, à cette même époque, au moment où l'armée faisait sa première entrée dans Milan, le général Berthier et l'ordonnateur en chef de l'armée, son ami, étaient réunis chez le général en chef Bonaparte; celui-ci eut dans la discussion avec son chef d'état-major un violent accès de colère. A l'issue de la conférence, l'ami du général Berthier lui dit avec émotion :

« Savez-vous bien que cet homme a » des emportements intolérables ? »

« Vous avez raison, mon cher Den-
» niée; mais souvenez-vous qu'un jour
» il sera beau d'être le second de cet
» homme-là. »

Enfin, un fait ignoré peindra mieux que ce qui précède la droiture et la probité du caractère du prince de Neuchâtel.

Le décret du 25 mars 1807 (page 207) avait institué un conseil de gouvernement, et l'article 4 était ainsi conçu :

« L'inspecteur en chef Denniée, se-
» crétaire-général de la guerre, sera
» secrétaire de ce conseil : nous lui en-
» joignons et lui faisons une obligation
» spéciale d'insérer dans les procès-
» verbaux qu'il nous adressera les opi-
» nions des membres du conseil et les
» noms de ceux qui les auront émises. »

Le baron Denniée écrivit au major-général, ministre de la guerre, pour lui demander s'il devait lui adresser directement les procès-verbaux des séances du conseil pour être mis ensuite sous les yeux de l'Empereur. Voici quelle a été la réponse autographe du prince de Neuchâtel :

« Mon cher Denniée, l'Empereur
» avait eu la bonté de me faire part de
» ses projets relativement au décret du
» 25 mars. J'ai pensé que le bien du
» service exigeait que Sa Majesté vous
» nommât secrétaire du conseil. Ma
» confiance est si entière en vous qu'en
» toute occasion j'en répondrais comme
» de moi-même. Vous ne me devez au-
» cun compte ni le moindre détail sur
» les séances ni sur leurs résultats.
» Tout est secret. L'Empereur, que je
» ne quitte pas, me confie ce qu'il croit
» utile au bien de son service. En votre
» qualité de secrétaire-général du conseil
» de guerre, vous êtes étranger au mi-
» nistre de la guerre ou au major-général.

» Je vous réitère l'assurance de mon
» attachement.

» *Signé :* Alex. Berthier,
» Prince de Neuchâtel. »

SURVEILLANCE
DE L'EMPEREUR
SUR L'ADMINISTRATION GÉNÉRALE DE L'EMPIRE.

Rien ne saurait donner une idée plus exacte de la prévoyance incessante de l'Empereur sur toutes les parties de l'administration générale de l'Empire, que les deux pièces suivantes demeurées secrètes (1).

La première, datée de Saint-Cloud, le 1er vendémiaire de l'an XVI de la république (23 septembre 1805), a pour titre *Ordre général de service pendant l'absence de l'Empereur*. (C'est au mo-

---

(1) Les fonctions attribuées, dans les ordres dont il s'agit, au baron Denniée, mon père, l'avaient rendu dépositaire de ces pièces intéressantes.

ment de son départ pour la campagne d'Austerlitz).

La seconde, sous forme de décret, datée du camp impérial, en Pologne, le 25 mars 1807, est empreinte du caractère d'autorité que Napoléon exerçait, présent comme absent.

Ce décret a pour objet la constitution d'une commission de gouvernement, sous le titre de *Conseil de guerre*; décret qui, conformément à l'article 8, devait rester et est resté secret.

Les dispositions que renfermait ce décret avaient laissé dans la pensée de l'Empereur un souvenir qui se confondait avec l'institution du conseil de régence qu'il créa postérieurement à son mariage avec l'archiduchesse Marie Louise, d'où il est résulté que souvent il a répété à Ste-Hélène : « Mais en 1807, j'avais institué un conseil de régence(1). »

(1) Cette circonstance m'a été rapportée par une des personnes qui ont suivi l'Empereur à Sainte-Hélène.

EXTRAIT

de l'ordre général du service pendant l'absence de S. M. l'Empereur.

Au palais de Saint-Cloud, le 1ᵉʳ vendémiaire an XIV
(23 septembre 1805).

Nous avons réglé, pour être exécutées pendant la durée de notre absence, les dispositions suivantes :

Le connétable (1) commandera sous nos ordres notre garde impériale, la garde nationale de Paris et celle des villes et départements de la première division. Il commandera également la garde municipale de Paris et toutes les troupes qui se trouvent dans l'étendue

(1) Louis, depuis roi de Hollande.

de ladite division. Il fera exécuter toutes les dispositions relatives à l'objet de son commandement et prescrites soit par le ministre de la guerre, soit par le directeur de l'administration de la guerre en faisant les fonctions.

L'archi-chancelier (1) signera les renvois des affaires des divers départements du ministère qui seront de nature à être délibérées au conseil d'État.

Tous les ministres correspondront directement avec nous pour les affaires de leur département.

Néanmoins ils se rassembleront le mercredi de chaque semaine au Luxembourg chez le grand-électeur (2). Le connétable et l'archi-chancelier assisteront à cette séance. Les ministres y porteront les objets de détail et du contentieux de leur administration, lesquels seront remis à l'archi-chancelier

---

(1) Cambacérès.
(2) Joseph, depuis roi d'Espagne.

pour nous être transmis dans la forme ordinaire.

Nous entendons en général que toutes les affaires qui, dans l'ordre ordinaire du gouvernement et de l'administration, ont besoin de notre signature, continuent à nous être présentées à cet effet.

Toutes les fois qu'un ministre jugera nécessaire une conférence avec d'autres ministres pour traiter une affaire de son département, il en fera la demande au grand-électeur, qui convoquera, à cet effet, les ministres dont le concours sera nécessaire.

S'il survient des événements extraordinaires de police sur lesquels nous ne puissions pas statuer à temps, à raison de notre éloignement, et qui exigent le concours de différents ministres, le grand-électeur convoquera les ministres dont la présence sera nécessaire. Si l'exécution des mesures que le grand-électeur aura approuvées excède les bornes de l'autorité ministérielle et qu'il ne soit pas possible d'attendre notre décision, il sera tenu, de cette conférence, un procès-verbal; le ministre se trouvera autorisé à exécuter les dispositions telles que les aura prescrites le grand-électeur, après avoir entendu l'opinion du connétable, de l'archi-chancelier et des ministres.

Dans tous les cas d'événements extraordinaires militaires, le grand-électeur, sur la demande du ministre faisant les fonctions de ministre de la guerre, convoquera les ministres dont le concours sera jugé nécessaire, et il sera procédé ultérieurement comme il est dit ci-dessus.

Pendant tout le temps où le ministre de la guerre sera à l'armée, il continuera à faire le travail du personnel, la répartition des fonds de son département, l'expédition des ordres qui seront donnés directement par nous, soit relativement au mouvement et à ce qui tient aux opérations militaires, soit pour ce qui concerne les bureaux du génie et de l'artillerie, enfin tout ce qui est relatif aux prisonniers de guerre; les autres parties de son administration seront exercées par le ministre directeur de l'administration de la guerre, qui signera les décisions et les ordonnances qui ne l'auront pas été par le ministre de la guerre, lesquelles seront délivrées conformément à la désignation qui aura été faite par ledit ministre pour l'emploi des fonds.

Le travail du ministre de la guerre sera dirigé par M. Denniée, secrétaire-général (1), qui travaillera avec tous les chefs de division et de bureau, et qui continuera à faire au nom du ministre de la guerre toutes les signatures que nécessiteront les décisions données soit

(1) Il est question de mon père.

par le ministre, soit par le ministre-directeur.

Les ministres nous écriront tout aussi souvent qu'ils auront à nous entretenir des affaires de leur département.

Toutes les lettres nous seront adressées directement.

Signé NAPOLÉON.

Pour extrait conforme :

Le secrétaire d'État,

Signé, Hugues Maret.

CONSEIL DE GOUVERNEMENT

SOUS LA DÉNOMINATION

DE CONSEIL DE GUERRE.

COPIE DU DÉCRET.

Extrait des minutes de la secrétairerie d'État.

En notre camp impérial d'Osterode, le 25 mars 1807.

NAPOLÉON, empereur des Français et roi d'Italie

Voulant pourvoir à la défense de notre Empire contre tout débarquement et toutes autres tentatives que pourraient faire nos ennemis pendant la partie de la présente année où nous serons absent de notre capitale ;

Nous avons décrété et décrétons ce qui suit :

ART. Ier. Les commandants de nos forces de terre et de mer continueront à rendre compte et à recevoir les ordres par le canal de notre ministre directeur de l'administration de la guerre, faisant fonctions de ministre de la guerre, et de notre ministre de la marine.

Art. II. Nos ministres ne pourront ordonner aucun mouvement de troupes dans notre empire que d'après nos ordres, ou d'après ceux donnés par notre ministre de la guerre, actuellement près de nous comme major-général ou en conséquence d'une résolution de notre cousin l'archi-chancelier de l'empire, pour tout mouvement que nécessiteraient des circonstances majeures et imprévues auxquelles il serait urgent de pourvoir avant d'avoir connu nos volontés.

Art. III. Entendant néanmoins que notre cousin l'archi-chancelier de l'empire ne pourra ordonner les dits mouvements qu'après avoir entendu notre conseil de guerre, avoir pris les opinions de chacun de ses membres et les avoir fait consigner dans un procès-verbal. Ces mesures préalables ayant été observées, il fera connaître sa décision à nos ministres de l'administration de la guerre et de la marine, qui auront à les exécuter, les membres de notre conseil de guerre n'ayant que voix consultative.

Art. IV. Notre conseil de guerre se composera de notre cousin l'archi-chancelier de l'Empire, qui convoquera ce conseil quand il le jugera convenable et le présidera ;

De notre ministre directeur de l'administration de la guerre faisant fonctions de ministre de la guerre;

De notre ministre de la marine ;

Du président de la section de la guerre près de notre conseil d'État, le conseiller Lacuée ;

De notre maréchal de l'Empire, premier inspecteur de la gendarmerie, Moncey ;

Et du gouverneur de Paris (Junot).

L'inspecteur en chef Denniée, secrétaire-général du département de la guerre, sera secrétaire de ce conseil et y tiendra la plume. Nous lui enjoignons et lui faisons une obligation spéciale d'insérer, dans tous les procès-verbaux qu'il dressera, les opinions des membres du conseil avec les noms de ceux qui les auront émises.

Art. V. Après avoir entendu les membres du conseil, l'archi-chancelier fera connaître sa décision suivant la formule ci-après :

« *Nous, archi-chancelier de l'Empire,*
» *en conséquence du décret rendu par*
» *S. M. I. et R., notre gracieux souve-*
» *rain, à Osterode, le 25 mars dernier;*
» *après avoir entendu le conseil de*
» *guerre institué par ledit décret, comme*
» *il résulte du procès-verbal en date du...*
» *nous avons résolu les dispositions*
» *suivantes. Art. 1, 2, 3, etc.* Ces ar-
» ticles contiendront les détails des
» mouvements que l'archi-chancelier
» ordonnera soit au ministre de l'ad-

» ministration de la guerre, soit au mi-
» nistre de la marine. »

Art. VI. Lesdites résolutions seront contre-signées par le ministre chargé de leur exécution; elles ne seront rendues publiques ni par la voie de l'impression, ni autrement.

Art. VII. Au plus tard vingt-quatre heures après que notre cousin l'archichancelier de l'Empire aura pris des résolutions de quelque importance, il nous fera connaître et nous transmettra le procès-verbal du conseil de guerre.

Art. VIII. Nos ministres de l'administration de la guerre et de la marine sont chargés de l'exécution du présent décret, qui demeurera secret, et dont il ne sera donné connaissance qu'aux membres du conseil de guerre.

Signé, NAPOLÉON.

Par l'Empereur.
Le ministre secrétaire d'État.
Signé, Hugues B. Maret.

TABLE

DES MATIÈRES.

A Monsieur le maréchal comte Gérard. Page 1

Mode d'expédition des ordres de l'Empereur à l'armée. 3

Itinéraire de l'Empereur. 9

Tableau de la composition et de la force des corps de la grande armée. 175

État nominatif des généraux et colonels tués ou blessés pendant les journées des 5 et 7 septembre. 186

Marche jour par jour de l'Empereur. . . . 189

Le prince de Neuchâtel et de Wagram. . . 193

Surveillance de l'Empereur sur l'administration générale de l'Empire. 199

Décret de St-Cloud (Campagne d'Austerlitz). 201

Décret d'Osterode (Campagne de Pologne, 1807). 207

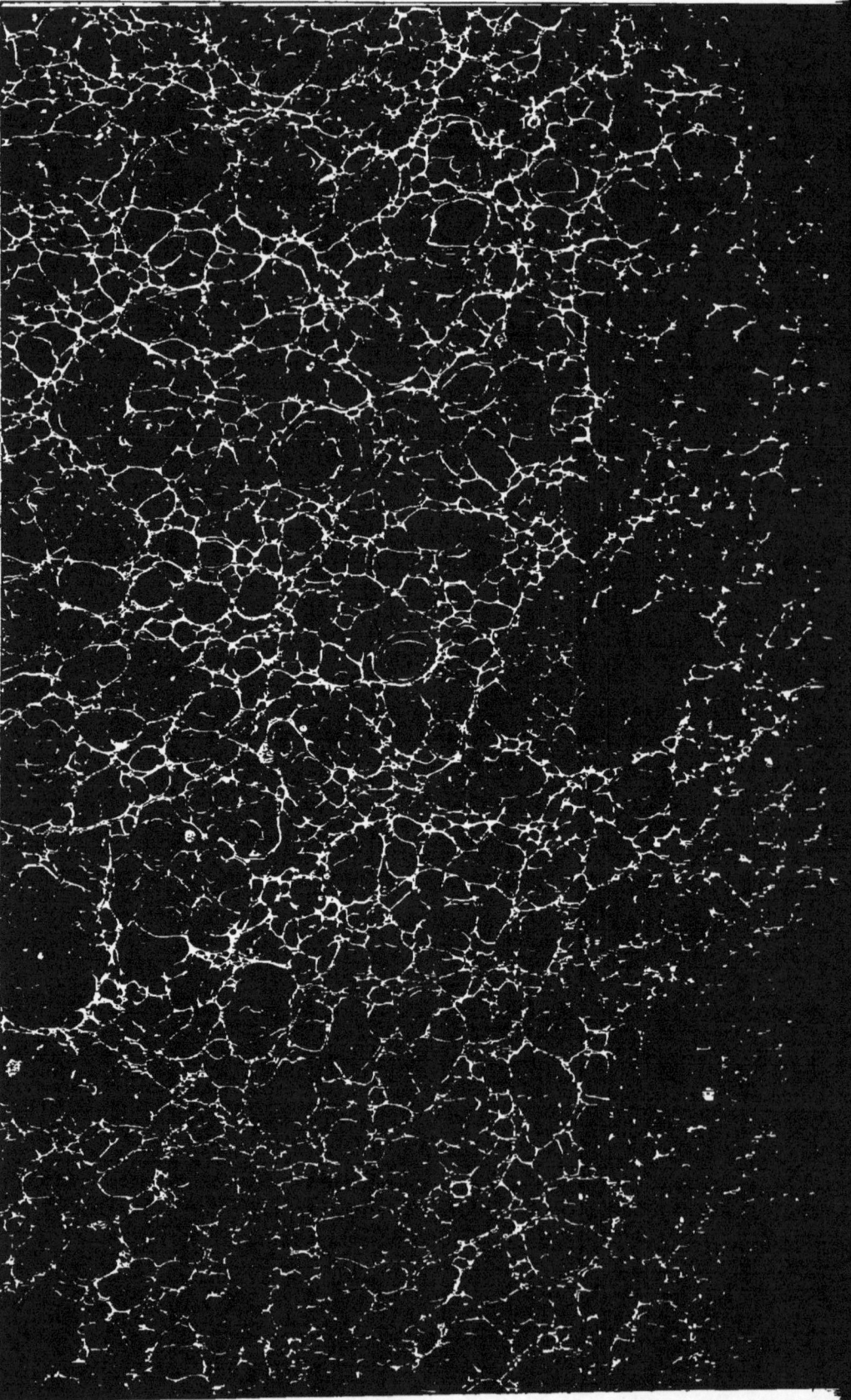

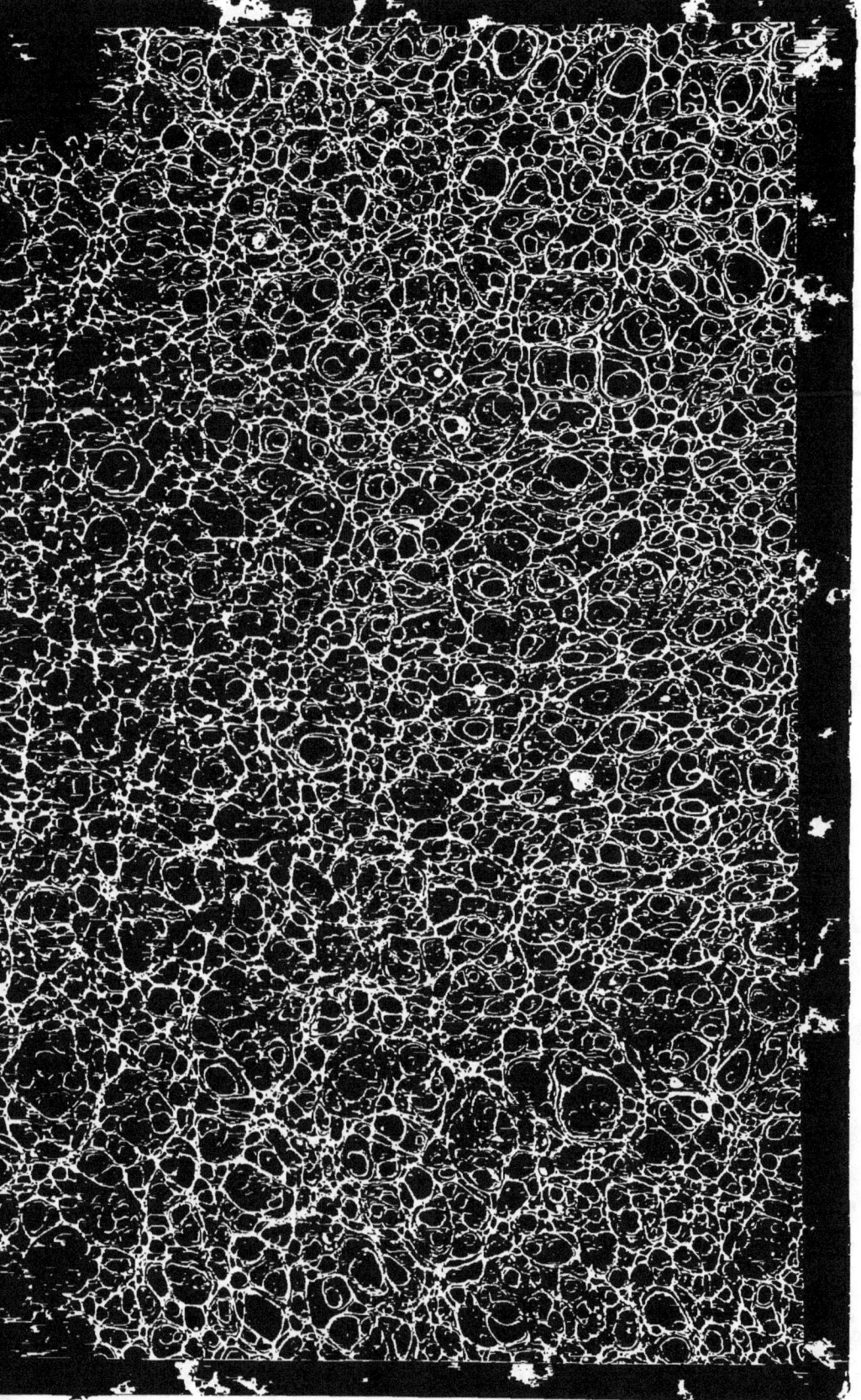

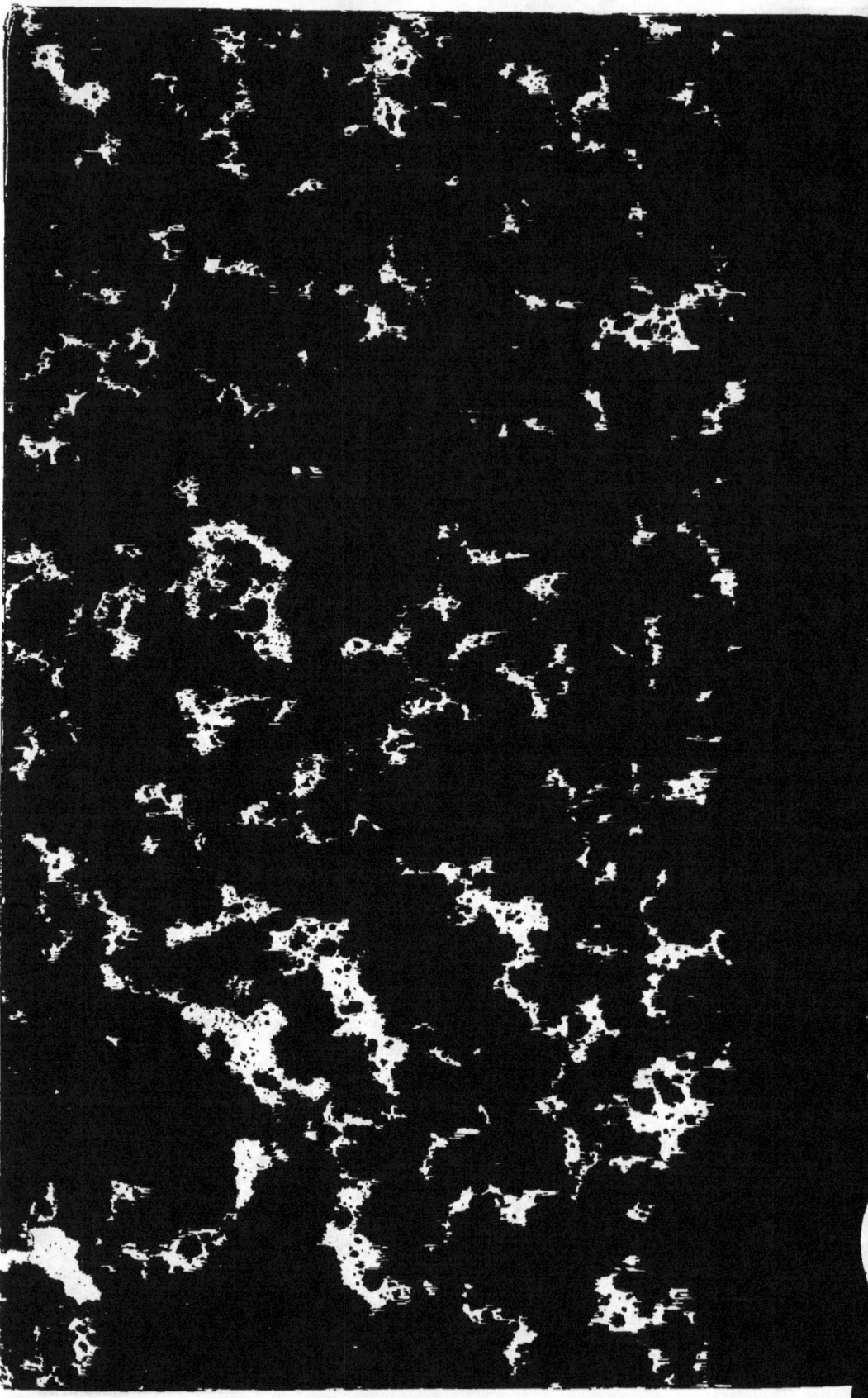

www.ingramcontent.com/pod-product-compliance
Lightning Source LLC
Chambersburg PA
CBHW051907160426
43198CB00012B/1782